ZULEHNER / RESIGNATION

Paul M. Zulehner

WIDER DIE RESIGNATION IN DER KIRCHE

Aufruf zu kritischer Loyalität

Herder
Wien · Freiburg · Basel

2. Auflage

Gesamtherstellung: Ueberreuter, 2100 Korneuburg
Umschlaggestaltung: Endre Fáy
Bestellnummer: ISBN 3-210-24.953-9

Was Sie erwartet

0

Präfatio

„Da blieben sie traurig stehen,
und der eine von ihnen
– er hieß Kleopas –
antwortete ihm:
Bist du so fremd in Jerusalem,
daß du als einziger nicht weißt . . .“

(Lk 24, 17f.)

In dieser Trostschrift geht es mir um die Traurigen, jene, die sich zur Zeit im heutigen „Jerusalem“, der katholischen Kirche nicht zurecht finden. Zu viele sind, voll Trauer, auf dem Weg weg von Jerusalem.

Mich zu diesen zu gesellen, ihre Trauer auszusprechen (zunächst unabhängig von der Frage, ob sie denn auch begründet sei!), diese durchzuarbeiten und verstehen zu lernen, ist ein erstes Anliegen. Dann aber hoffe ich, daß wir in die Tiefe gelangen, und – angeleitet durch die Jona-Erzählung – begreifen, daß es nichts und niemand gibt, der uns von unserer Berufung, im Namen Gottes nach „Ninive“ zu gehen, abbringen darf und kann. Ein Schlüsselsatz, der mich unverdrossen in jener Kirche leben und arbeiten läßt, der Gott mich „hinzugefügt“ (Apg 2,47) hat, heißt: „Ich gestatte es niemandem, mir meine Liebe zur Kirche zerstören zu lassen.“

Manche fragten mich in den letzten Monaten, ob ich denn nicht Angst hätte, so frei zu sprechen und zu schreiben.

Ich frage dagegen: Wollen Sie den Verantwortlichen in der Kirche unterstellen, sie wollten jemandem Angst machen?

Nicht alle werden mit meinen Analysen und Aufforderungen einverstanden sein: Ich bitte sie, wenigstens mitzudenken. Manche werden sich gekränkt zeigen: Diese bitte ich um Vergebung, weil es mir und kritischen Vorauslesern nicht gelungen ist, alles aus dem Text auszumerzen, was nicht der Sache und Überzeugungen dient, sondern Personen kränken könnte. Auch ist das Buch unfertig: was es bleiben mußte, weil jeder Tag neuen Stoff liefert. Unfertig ist es auch, weil eine tiefschürfende Analyse der gegenwärtigen Kirchenentwicklung erst in Gang kommt. Das alles hat mich nicht abgehalten, dieses Trostbuch in kurzer Zeit zu schreiben und vorzulegen. Das Gespräch, das in unserer Kirche oftmals verweigert wird oder in einer niveaulosen Debatte um den Gehorsam verkommt, muß offengehalten werden. Zudem sind viele schon recht weit von Jerusalem entfernt. Es ist höchte Zeit, sich zu ihnen zu gesellen.

Wien, 1. 1. 1989 Paul M. Zulehner

I

Trauer

Eine Spur tiefer Kirchentrauer durchzieht die Weltkirche.[1]) Von Brasilien über Peru nach Holland, von Köln über Chur nach Wien, Salzburg und Vorarlberg. Weitere Stationen werden folgen. Die Zahl der Trauernden wird zunehmen. Tragischerweise auch die Zahl jener, die resignieren und emigrieren werden. Es sind zu viele. Höchste Zeit wird es, Resignation und Emigration Einhalt zu gebieten.

So bitter es ist: Dies wird wohl nicht dadurch geschehen, daß in nächster Zeit jene Kirchenpolitik aufhört, die Trauer, Resignation und Emigration verursacht. Wenn aber dieser Weg nicht beschreitbar ist, kann die Resignation nur überwunden werden, wenn die von ihr Bedrohten sie von sich aus abwehren. Sie, wir werden Widerstand leisten. Nicht gegen die Trauer, jedoch gegen Resignation und die mit ihr verbundene Versuchung zur Emigration nach innen oder gar aus der Kirche hinaus. Widerstand

---

[1]) Mehr als die Hälfte der Katholiken unter 34 sind von der Amtsführung des Papstes enttäuscht: So eine repräsentative Umfrage in der Bundesrepublik Deutschland zur Kritik, die 175 Theologen in der „Kölner Erklärung" veröffentlicht hatten. (Salzburger Nachrichten vom 8. 2. 1989, 2). In Österreich wiederum zeigten sich nur 15% mit der Ernennung neuer Bischöfe zufrieden (27% unzufrieden, 46% egal). 52% stimmten auch der Ansicht zu, daß das Ansehen der Kirche in der Öffentlichkeit eher gesunken sei. In Verbindung mit dieser Kritik ist auch bei 48% die Bereitschaft zum Kirchenaustritt gestiegen, bei 31% blieb sie unverändert, bei 8% ist sie gefallen (Wiener, Februar 1989, 11).

leisten heißt dann vor allem: „Ich gestatte es niemandem, mir mein Engagement in der Kirche kaputt zu machen." Diese Haltung, aus einer tiefgläubigen Kirchenberufung heraus Widerstand leisten zu lernen und zu lehren gegen inneren oder äußeren Auszug aus der Kirche, die nicht den Bischöfen, sondern allein Gott gehört (1 Kor 3,23), ist die einzige Absicht dieser kritischen Trostschrift.

Wer versteht nicht, daß die Versuchung zur Flucht groß ist! Wo viele Hoffnungen waren, droht die Gefahr der Resignation, wenn sich die Hoffnungen als trügerisch erweisen. Durch das II. Vatikanische Konzil und seine Verwirklichung in den Jahren danach waren bei vielen Menschen innerhalb und außerhalb der Kirche große Hoffnungen gewachsen: die Hoffnung, die Kirche öffne sich allen Menschen, sie sei bereit, von anderen zu lernen, von Künstlern, Wissenschaftern, von anderen Religionen; sie lerne endlich, Fehler einzugestehen und sich bei den Opfern ihrer Fehler zu entschuldigen; sie schließe niemanden leichtfertig aus, sie erweise sich als eine gütige Kirche, achte die Berufung aller, vornehmlich der vielen Frauen in unserer Kirche, schätze die Teilhabe aller an den Entscheidungen, die alle angehen, treibe die Einigung der Kirchen voran. Sie sei eine Kirche geworden, der es nicht um Selbsterhalt und gesellschaftliche Privilegien geht, sondern die in der Art Jesu die Entäußerung zugunsten der Menschen bis in den Tod wagt. Hat sich die Kirche des Konzils, ganz auf dem Boden der biblischen Gründungstradition stehend, nicht als ein Hoffnungsort inmitten einer von Hoffnungslosigkeit bedrohten Welt präsentiert? Hat sie nicht verheißen, daß sich in ihr – weil Gott mit ihr ist – jede und jeder sehen lassen kann, vor jeder Leistung und trotz aller Schuld? Haben nicht nach dem Konzil viele Bischöfe eine Option zugunsten der Armen getroffen: jene Bischöfe, die den einfachen Bischofsring angenommen haben? Hoffnung wurde verbreitet: die Hoffnung auf eine Kirche von Brüdern und Schwestern, die wie eine Schutzmantelkirche für die Armgemachten der Erde dasteht und die dies alles vermag, weil sie um die Gegenwart ihres Herrn weiß, was allein sie von ihrer Angst um sich selbst befreit.

Zu viele fürchten, daß diese und viele andere Hoffnungen trügerisch waren. Eine neue Generation von „Wende"-Bischöfen wird seit geraumer Zeit eingesetzt, genauer: vorgesetzt, und dies wider den erklärten Wunsch keineswegs nur kritischer Christen, sondern alter und neuer kirchlicher Gremien, wie Domkapitel, Priester- oder Pastoralräte. Österreichische Bischöfe sahen sich – was historisch einmalig ist – dazu veranlaßt, anläßlich des Papstbesuches im Jahre 1988 öffentlich zu wünschen, Rom möge doch künftig Bischöfe ernennen, die das Volk mit Freude annehmen könne. Dieser Wunsch ist bislang noch offen. Viele verstehen die turbulenten Entwicklungen in der Kirche nicht mehr. Sie werden von einer tiefen Trauer über jene Kirche erfaßt, mit der sie sich verbunden wissen. Und auf dem Boden der Kirchentrauer wächst bei vielen die Versuchung des Jona.

II

Die Versuchung des Jona

Die Jonageschichte ist wie ein Spiegel, in dem sich viele von uns heute wiedererkennen werden. Jona, so erzählt der unbekannte Lehrer, der die Geschichte verfaßt hat, war von Gott ausersehen, in seinem Namen nach Ninive zu gehen, um dieser Stadt Umkehr und Heil zu predigen.

„Jona machte sich auf den Weg;
doch er wollte nach Tarschisch fliehen,
weit weg vom Herrn."
(Jona 1,3)

Gott aber holt ihn ein, schickt ihn neuerlich nach Ninive. Die Stadt bekehrt sich tatsächlich, was Jona stört, weil er meint, Gott dürfe die verderbte Stadt nicht verschonen. Eben dies war Gottes erklärte Absicht mit Jona, die große Stadt der Menschen zu retten:

„Mir aber sollte es nicht leid sein um Ninive,
die große Stadt,
in der mehr als hundertzwanzigtausend Menschen leben,
die nicht einmal rechts und links unterscheiden können – und außerdem so viel Vieh?"
(Jona 4,11)

Die Versuchung vieler enttäuschter Kirchenmitglieder ist, wie bei Jona, die Flucht vor der von Gott gegebenen Berufung. Zwar haben wir heute andere Gründe zu fliehen als Jona in der Lehrerzählung. Jona neidete Ninive das Heil, wir hingegen lassen uns durch innerkirchliche Vorgänge von unserer Berufung abbringen. Das Ergebnis der Flucht hat sich hingegen nicht geändert: Ninive ist neuerlich in Gefahr, daß die rettende Botschaft Gottes zumindest durch uns nicht mitgeteilt wird. Denn wenn wir resignieren und emigrieren, ist ohne uns die Kirche ärmer und weniger handlungsfähig.

Deshalb ist Widerstand gegen die inneren Fluchttendenzen gefordert. Dieses Anliegen hat Anfang 1989 auch der Wiener Kardinal König vertreten. Er ersuchte die Christen eindringlich: „Bleibt eurer Kirche und eurem Glauben treu!"[2])

Die vielen Gesichter der Flucht

Die Versuchung zur Flucht, zur Resignation und Emigration hat vielfältige Gesichter.

Einige wollten sich von der Kirche längst formell zurückziehen. Soziale Rücksichten (auf die Familie, die Kinder, aber auch Freunde, Verwandte, das Dorf) haben sie aber noch daran gehindert. Nur unwillig zahlten sie ihren Kirchenbeitrag, manchmal erst nach Mahnung oder Exekution, was ihr Verhältnis zur Kirche nur noch mehr störte. Aber sie fanden es zugleich spießbürgerlich, inmitten des Wohlstands um des Geldes willen auszutreten. Jetzt aber spielt ihnen der Zufall über innerkirchliche Vorgänge ein willkommenes Alibi ins Haus. Es ist ein anständiger Zeitpunkt, das Nichtverhältnis zur Kirche zu veröffentlichen.

Daneben sind andere, die sich in den letzten Jahren eifrig in der Kirche engagiert haben, aus Überzeugung, einem Pfarrer zulieb, weil ihnen eine pfarrliche oder andere kirchliche Gemeinschaft zusagte. Vielleicht haben sie über ihre zu kleine private Lebenswelt hinaus nur eine sinnvolle Aufgabe gesucht. Nicht wenige haben sich dabei

---

[2]) Kronenzeitung vom 6. 1. 1989, 2.

übernommen. Neben Beruf und Familie wurde ihnen das viele Engagement in der Kirche zu viel. Sie erleben sich heißgelaufen. Zur Abkühlung haben sie Abstand nötig. Wieder sind die Ereignisse willkommen, sich zurückzuziehen, ohne das Gesicht zu verlieren.

Eine weitere Gruppe macht einen trennscharfen Unterschied zwischen dem, was Jesus wollte, und der real existierenden Kirche. Dem Evangelium wollen sie schon treu bleiben, aber nicht dieser einseitig ausgerichteten Kirche, sagen sie. Das Geld spiele keine Rolle. Im Gegenteil: Sie sind bereit, was sie an Kirchenbeitrag oder Kirchensteuer zahlen, einem anderen guten Zweck zuzuführen: jenen Kirchengebieten, wo die Kirche anders lebt und handelt, auf der Seite derer, die Gerechtigkeit und Freiheit suchen. Ihr Austritt sei ein befristeter Ausritt, zum Protest unternommen, um die „Machthaber", das neue Kirchenmanagement[3]), an ihrer empfindlichsten Stelle zu treffen, nämlich beim Geld.

Von Fluchttendenzen bedroht sind auch jene, die sich – in schmerzlichen Vorgängen – innerlich zumal von den kirchlichen Autoritäten absetzen. Sie lernen vor allem in Fragen der Lebensführung selbstverantwortete Wege zu gehen, müssen damit aber den geistigen Einflußbereich einer Kirche verlassen, von der sie fürchten, daß ihr eigenständige Wege suspekt sind. Manche ziehen sich aus ihrer Pfarrgemeinde zurück und igeln sich in neueren Bewegun-

---

[3]) So drückten sich Vertreter des neuen kirchenpolitischen Kurses in einem „Club 2" am 11. 1. 1989 in Wien aus: Die alten Bischöfe hätten versagt; die Zunahme der Kirchenaustritte seit 1965 belege eindeutig den Mißerfolg der Ära König (es ist übrigens auch die Zeit von „Humanae vitae", das der Kirche viel Kraft und Mitglieder gekostet hat, wie eine Studie belegt: J. Hoffmann, Praktizierende Katholiken zwischen Kirche und Gesellschaft. Ein Beitrag zu Problemen der Moralverkündigung, Düsseldorf 1973): deshalb brauche die österreichische Kirche ein neues „Management".

gen oder in Basisgemeinden ein. Eine Art ungewollte Vertreibung von Leuten spielt sich ab: von aufgeschlossenen Studentinnen aus sich geistig schließenden Hochschulgemeinden, von Freiheitsverliebten aus „Kirchenräumen“, die von Ordnungsdenkern dominiert werden.

Nicht wenige schließlich schwimmen auf einer Meinungswoge mit, die – was kirchliche Ereignisse betrifft – aus Kopfschütteln, Befremden, Schadenfreude und manchmal auch beißendem Spott gemischt ist. Sie nehmen dabei nicht wahr, wie sie unmerklich aus dem vitalen Innenraum der Kirche hinausgeschwemmt und zu bequemen Voyeuren kirchlicher Flügelkämpfe werden. Man sitzt, immer mehr befremdet und entfremdet, bei Bier und Soletti, und folgt dem Kirchenspektakel wie einem Fußballspiel. Mit der schwelenden Sehnsucht des menschlichen Herzens nach dem lebendigen Gott hat beides nicht mehr viel zu tun, weder das Kirchenspektakel noch die satte Bequemlichkeit. Besser, weil biblischer, wäre es, wegen beidem das Gewand zu zerreißen, in Sack und Asche zu gehen, um die unheilbare Verwundung des menschlichen Herzens durch Gott wieder wahrzunehmen.

III

Nicht alle trauern

Aber, so ist spätestens jetzt einzuwenden, gibt es nicht auch viele, die mit der gegenwärtigen Entwicklung einverstanden sind, sich an ihr heimlich oder öffentlich freuen und sie tatkräftig unterstützen? Fürwahr, es gibt sie und sie sind nicht wenige. Und sie haben mehr gute Gründe für ihre Freude und ihre Politik, als die Enttäuschten gemeinhin zu sehen und zuzugeben bereit sind.

Krise der Kirche

„Die Kirche des Konzils
wird heute abgeschlagen
wie ein Zirkuszelt
vor Wintereinbruch."
(Rolf Zerfaß)

Die Öffnung des Konzils habe, so sagen die heute Erfreuten, einen zu hohen Preis gefordert. Sie habe die Kirche in eine tiefe Identitäts-, ja Überlebenskrise gestürzt. Zahlen werden beschworen: Lautlos treten Zehntausende jährlich aus der Kirche aus, das Glaubenswissen verdunstet unbemerkt, eine Generation wächst nach, die ohne Verhältnis zum Glauben und Leben unserer Kirche ihren Alltag bestreitet. Die Kirchen werden leerer, Ordensgemeinschaften sterben aus, Pfarren bleiben ohne Pfarrer im Ort, weil es zu wenige Priesterberufe gibt.

Verweltlichung

Zurückgeführt wird diese kritische Entwicklung, die in ganz Europa anzutreffen ist, auf (ungewollte) Folgen des Konzils.[4]) Durch die Öffnung der Kirche sei die Kirche „verweltlicht" worden. Der Rauch des Satan sei in die Kirche eingedrungen.[5]) Nehemia wird zitiert:

> „Ihr seht, in welchem Elend wir leben:
> Jerusalem liegt in Trümmern,
> und seine Tore sind abgebrannt.
> Gehen wir daran
> und bauen wir die Mauern Jerusalems wieder auf.
> So machen wir unserer Schande ein Ende."
> (Neh 2,17)

Pluralismus und Freiheit

Ein charakteristischer Zug der modernen Gesellschaften des Westens ist der Pluralismus. Selbst in den zunehmend modernen Gesellschaften des Ostens läßt er sich nicht

---

[4]) Paul VI. hat in einer depressiven Zeit seines Lebens leider formuliert: „Der Rauch des Satan ist durch irgendeinen Riß in den Tempel Gottes eingedrungen: Zweifel, Unsicherheit, Hinterfragung, Unruhe, Unzufriedenheit, Konfrontationen haben sich breitgemacht . . . Der Zweifel ist in unsere Gewissen eingedrungen" (Paul VI., 29. 6. 1972). Wie anders hatte vor ihm noch Johannes XXIII. gesprochen, der sich bei der Eröffnung des Konzils gegen die Unglückspropheten gewandt hatte. Dieser Text ist dokumentiert in: Herder Korrespondenz 17(1962/63), 87.

[5]) Dazu auch: Conservative Catholicism in North America: Pro-Life Activism and the Pursuit of the Sacred. Pro Mundi Vita, Dossier 36, Brüssel 1987.

mehr lange zurückdämmen; latent ist er auch dort längst da. Dieser neuzeitliche Pluralismus wurde gegen den heftigen Widerstand der christlichen Großkirchen in Europa durchgesetzt. Er sollte die Freiheitsgrade der Bürger vergrößern, die Freiheit, die Welt selbst zu deuten und das Leben selbstmächtig zu gestalten. Solche Freiheitschancen waren in den von den christlichen Kirchen mitgetragenen vormodernen Gesellschaften öffentlich nicht gegeben. Damals gab es nur eine einzige Weise, das Leben zu verstehen und zu kultivieren, und diese war dem Christentum zumindest verwandt. Andere Lebenswissen waren unterdrückt. Erst nach und nach wurden sie toleriert, um schließlich in den großen europäischen Revolutionen ein verbrieftes Lebensrecht zu gewinnen. Seitdem gehört die Freiheit des Meinens, des Redens, des Lebens zur Grundausstattung moderner Gesellschaften. Die „strukturelle" Voraussetzung für diese gewonnenen Freiheitsgrade aber ist der sozial verbürgte Pluralismus.

Für die christlichen Kirchen hat sich damit die Lage tiefgreifend verändert. Eine Neubestimmung des Verhältnisses zu diesen modernen freiheitlichen Gesellschaften und ihrem Pluralismus gelang lange Zeit nicht. Zu tief war das Mißtrauen gegen die modernen Gesellschaften und die Kräfte, die sie herbeigeführt haben: Liberalismus und Sozialismus. Erst auf dem II. Vatikanischen Konzil hat sich die katholische Kirche durchgerungen, diesen Freiheitsanspruch – trotz möglicher Fehlgestalten – als grundsätzlich gut anzuerkennen. Noch mehr: Das Dekret über die Religionsfreiheit erklärte, daß diese Freiheit selbst aus dem Wesen des Evangeliums heraus zu fordern ist, weil im Raum der Unfreiheit gläubige Liebe nicht aufblühen kann.

Zu diesen inneren Begründungen kamen noch wirksame äußere dazu. In vielen Ländern Osteuropas konnten sich die bürgerlichen Freiheitsideale nicht durchsetzen. Vielmehr wurde an die Stelle des christentümlichen Monopols an Lebenswissen ein sozialistisch-kommunistisches gesetzt. So wie die Andersgläubigen einst in christentümlichen Gesellschaften unter die Räder kamen, so wurden in den neuen „Gesellschaften des realen Sozialismus" nunmehr die Gläubigen unterdrückt. Und wie einst die Nichtglaubenden Religionsfreiheit fordern mußten, um zu überleben, haben sich die Rollen auch diesbezüglich vertauscht: Die Christen begannen, Religionsfreiheit in kommunistischen Staaten einzufordern.

Identitätskrisen

Freilich, viele Bürger, auch viele christliche, erweisen sich bis auf den heutigen Tag von den Freiheitschancen überfordert.[6]) Dabei ist weniger die Freiheit selbst das Hauptproblem. Mehr zu schaffen macht vielen Bürgern eine neue Unübersichtlichkeit.[7]) Viele leiden weniger an Desorientierung, sondern an Überorientierung. Die Leute verlieren dabei leicht den Überblick. Dazu kommt der freiheitsmindernde Konsumismus unserer Überflußgesellschaft.[8]) Es gelingt zu vielen nur schwer, inmitten der Freiheit das auszubilden, was Fachleute „Identität" nen-

---

6) In Fachkreisen gilt die freiheitlich-pluralistische Verfassung der modernen Gesellschaften durchaus als ambivalent; daraus wird aber der Schluß gezogen, daß die Offenheit nicht zu schließen, sondern zu schützen und auszubauen sei; ihre Gefährdungen seien zu sehen, um die Chancen einer offenen Gesellschaft zu nützen. – Der Preis der Freiheit. Grundlagen, aktuelle Gefährdungen und Chancen der offenen Gesellschaft, hg.v.M. Zöller, Köln 1988.

7) J. Habermas, Die neue Unübersichtlichkeit, Frankfurt 1985.

8) P. P.Pasolini, Freibeuterschriften. Die Zerstörung der Kultur des einzelnen durch die Konsumgesellschaft, Berlin 1978.

nen. Identität meint, daß die für gutes Leben wichtigen Fragen „Wer bin ich?“ und „Wie lebe ich gut und richtig?“ sicher genug beantwortet werden können. Wird im Lauf des Lebens diese Antwort nicht gefunden und gewinnen Menschen keine hinreichende Lebenssicherheit, dann stellen sich „Identitätskrisen“ ein. Zum Ausdruck kommen solche Identitätskrisen in vielfältiger Weise: in sittlicher Verwahrlosung, in religiöser Ratlosigkeit, in rastlosem Suchen nach Sinn. Anzeichen dafür, daß die Identitätsbildung gestört ist, zeigt sich am Trend von jungen und alten Bürgern, „Identitätsanleihen“ (Stenger) zu machen: bei Jugendreligionen, sektenartigen Gruppen innerhalb und außerhalb der Kirchen, bei Psychogruppen, bei Gurus weltlicher und religiöser Art.

Dies ist zu erwarten. Sitzt nicht jeder Mensch gleichsam auf einem Vulkan von Lebensenergie, Wünschen, Sehnsüchten, Antrieben und Bedürfnissen? Um mit diesen Kräften zufriedenstellend leben zu lernen, um also freiheitsverliebt und lebenszugewandt zu sein, muß ein handlungsfähiges Ich ausgebildet werden. Dieses ist dann in der Lage, gestalterisch mit den inneren Kräften ebenso umzugehen wie mit den Erwartungen der Menschen um uns. Ein solches Ich versteht es, Brücken zu bauen. Es wird daher „Pontifex-Ich“[9]) genannt.

Wo ein solches Ich sich nicht ausbildet, werden an die Stelle des handlungsfähigen Pontifex-Ich äußere „Pontifices“ gesetzt: Ordnungen, Führer, oder auch der Papst. Von diesen Ersatz-Ichs wird erwartet, daß sie die Lebensarbeit abnehmen oder zumindest erleichtern. Diese neuen „Pontifices“ sind für solche Menschen von großer Wichtigkeit. Fehlt nämlich das handlungsfähige Ich, werden die inneren Kräfte ebenso wie die äußeren Anforderungen als bedrohlich und verängstigend erlebt. Äußere Pontifices zäh-

---

[9]) L. Szondi, Schicksalsanalytische Therapie, Bern 1963. – H. Wahl, Christliche Ethik und Psychoanalyse, München 1980.

men die Angst. Willkommen sind somit Personen und Organisationen, die bereit sind, Bürgern und Christen die lästige Last persönlicher Freiheit abzunehmen. Orientierungsarbeit muß nicht mehr geleistet werden, zumal die Freiheit – wider die verbreitete Meinung bei kirchlichen Vertretern – keineswegs bequem ist, sondern eine enorme Herausforderung darstellt.

Sind es viele, die die Freiheitskunst nicht lernen? Es ist zu befürchten, daß zu viele Bürger in ihrer moralischen Entwicklung die Stufe der Orientierung an Strafe und Gehorsam sowie des Zweckdenkens nicht überschreiten.[10]) Fremdbestimmung, Angst vor Strafe, ein unentfalteter Gehorsamsbegriff sowie ein rohes Zweckdenken überwiegen dann in Gesellschaft und Kirche. Der innere Vulkan wird durch äußere Ordnungen unter Kontrolle gehalten und nicht durch Freiheitskunst gezähmt. Seine Kräfte werden unterdrückt, statt der Lebensfreude nutzbar gemacht:

> „Auch vor dem Abgrund des menschlichen Herzens kann man auf vermeintlich einfache Weise sich schützen. Vor jeder wahren, lebendigen Energie kann man sich abriegeln durch bestimmte Satzungen, Gebote und Weisungen. Vor jeder wirklichen Leidenschaft kann man sich hüten durch Rückkehr ins bürgerliche Durchschnittsmaß. Vor jeder starken Energie der Tiefe kann man händeringend auszuweichen suchen, bis daß unser Leben immer enger wird. Theodor Fontane hat vor ca.100 Jahren schon in seinen Romanen beschrieben, was aus unserem Leben wird, wenn man es auf solche Weise eindeicht gegen das

[10]) J. Piaget, Das moralische Urteil beim Kinde, Zürich 1954. – L. Kohlberg, Zur kognitiven Entwicklung des Kindes. Drei Aufsätze, Frankfurt 1974. – F. Oser, Moralisches Urteil in Gruppen. Soziales Handeln. Verteilungsgerechtigkeit. Stufen der interaktiven Entwicklung und ihre erzieherische Stimulation, Frankfurt 1981. F. Oser, P. Gmünder, Der Mensch – Stufen seiner religiösen Entwicklung. Religion und Entwicklung, Bd.1, Zürich 1984.

Meer, gegen die Tiefe, gegen die Flut. Es ist schließlich ein Leben, das völlig durchgeordnet ist nach den Vorstellungen der preußischen Standesordnung, der preußischen Moralauffassung, der preußischen Tugenden, ohne Ausnahme, ohne Abweichen, ein Leben, in dem es eigentlich nur eine einzige Gefahr gibt: die Liebe. Man kann in einem solchen Leben heucheln, man kann darin seelisch verkümmern, man kann davon krank werden, man kann sich erschießen – alles das verträgt die Ordnung; einzig die Liebe verträgt sie nicht; sie verträgt nicht das Glück, nicht die Weite des Herzens, nicht die Freiheit der Seele – man sitzt vielmehr ausweglos gemeinsam im Boot wie Galeerensträflinge."[11])

Personen, die so leben oder zu leben genötigt sind, erkennt man daran, daß ihnen Ordnungen wichtiger sind als das Leben. Sie werden aggressiv, wenn diese Ordnungen in Frage gestellt werden, weil auch ihr Leben unsicher wird, wenn die Ordnungen brüchig werden. Sie sagen dann zwar, daß es ihnen um die Wahrheit gehe, aber im Grund geht es um die autoritätsgestützte Wahrheit.

Entscheidend ist für uns hier die Einsicht, daß jene, denen die Freiheitskunst fehlt, auf Ordnungen angewiesen sind, um überleben zu können. Ihnen die Ordnungen zu nehmen, ist für sie überlebensbedrohlich. Bedrohlich erleben sie selbst jene, die neben ihnen freier zu leben vermögen: ihre Freiheit wird folglich auch schlecht gemacht.[12]) Alles,

[11]) E. Drewermann, Das Markusevangelium. I. Teil: Bilder der Erlösung, Olten 1987, 444f.

[12]) In solchem Umkreis wird auch der von Politikern angegriffene Ausspruch eines designierten Erzbischofs verständlicher, wenn dieser in der Demokratie einen „fürchterlichen Freiheitsdrang" beklagte. Ein bischöflicher Kollege bat um mehr Wohlwollen bei der Interpretation einer solchen mißverständlichen Aussage. Gewiß, wir haben alle Vergebung nötig. Aber schon die Sprache ist verräterisch. Und ist die Aussage wirklich so mißverständlich? Kommt nicht ein in Wahrheit vorhandenes abgrundtiefes Mißtrauen (samt dahinterstehender Angst) vor der Freiheit zum Vorschein? Warum wird

was die sie selbst schützenden Ordnungen schwächt, wird buchstäblich „verteufelt“: der Dialog, die Vielfalt (der Pluralismus), die Freiheit, die Suche nach Wahrheit. Nur „feste Wahrheit“ hilft. Und weil Einsicht und Argumente für sie kein Weg zu solch fester Wahrheit sind, wird Zuflucht genommen zur Autorität, die eben vorlegt und garantiert, was wahr, genauer: was sicher, worauf Verlaß ist.

Diese Personen haben Merkmale, die in der Forschung (früher) der „ideologischen Persönlichkeit“ zugeschrieben wurden: „So verschiedenartig ideologische Äußerungsformen auch sein mögen, haben sie doch gemeinsame Merkmale. Der Schlüssel für das Verständnis einer ideologischen Einstellung liegt in ihrer Funktion als unbewußte Schutzmaßnahme gegen die Angst vor einem Überschwemmtwerden durch Triebimpulse. Angstabwehr und das Bedürfnis nach Stabilisierung des schwachen Ichs sind immer im Spiel. Die subjektive Ehrlichkeit einer ideologischen Überzeugung, die bis zum Fanatismus gehen kann, ist voll intakt, sie ist jedoch mit einer oft extremen Verdrängung gekoppelt, deren Inhalt z.B. sexuelle Impulse, Macht- und Geltungswünsche oder destruktive Aggressionen sein können. Es wird ein wirklichkeitsfremdes Ichbild und Weltbild aufgebaut; die eigentlichen handlungsbestimmenden Interessen bleiben dem Betreffenden unbekannt. So kommt es zu einer eigenartigen Entsprechung: Genau so, wie der Blick auf die volle Realität des Ichs nicht gewagt wird, so wird auch die 'äußere' Wirklichkeit nicht wahrgenommen. Einige Teilaspekte der Wirklichkeit werden ausgeklammert, andere werden aufgebläht und absolut gesetzt. Die Denkfiguren erstarren. Die Fähigkeit, Kompromisse zu schließen, eine ganzheitliche

---

Freiheit so ungeschützt mit einem ganz negativen Wort zusammengefügt? Die Wahl der Worte geschieht nicht zufällig. Von Liebe zur Freiheit ist zur Zeit in der Kirche nicht viel zu spüren, was zu den großen Sorgen vieler Bürger gehört.

Sichtweise zu entwickeln, sich auf Prozesse des Lernens, des Entscheidens, des emotionalen Reifens einzulassen, ist reduziert; das eigene Denk- und Erfahrungssystem wird fremder Kritik entzogen. Da die Egozentrik des Verhaltens nicht durchschaut wird, muß sie auf den Gegner projiziert werden: Er wird schlecht gemacht. Kommunikationsstörende Auswirkungen sind u.a.: die Unfähigkeit zu personaler Nah-Liebe, die Bevorzugung von Prinzipien vor der Realität des Lebens, die starre Haltung des Gewissens und die Neigung zu aggressivem Verurteilen Andersdenkender. – Das Gegenbild zur ideologischen Persönlichkeit ist der Mensch, der glauben und vertrauen kann. Dieses Können enthält die Fähigkeit zur mitmenschlichen Teilhabe und Teilnahme, zum Wirklichkeitsverständnis, zur Spannungstoleranz, zur Suche nach Antworten und Lösungen, zu Empfindungen der Ebenbürtigkeit und Solidarität."[13])

Ideologische Persönlichkeiten neigen zu Fundamentalismus, Dogmatismus und Fanatismus.[14]) Diese Personengruppen haben Eigenschaften, die zwar grundsätzlich positiv sind, die bei ihnen aber in eine negative Gestalt umkippen: Unerschütterlichkeit wird zur Halsstarrigkeit, ideale Einstellung zu Verbohrtheit, Meinungstreue zu Unbeweglichkeit, konsequente Haltung zu Kompromißunfähigkeit, Linientreue zu mangelnder Flexibilität, Glaubensfestigkeit zu fehlender Offenheit. Charakteristisch ist der Hang zu einfachen Ideen, zu Eindeutigkeit. Die Welt wird nach einem Einzelwert eingerichtet: Ordnung, Antikom-

---

[13]) H. Stenger, Kompetenz und Identität. Ein pastoraltheologischer Entwurf, in: Eignung für die Berufe der Kirche. Klärung, Beratung, Begleitung, hg.v. H. Stenger, Freiburg 1987, 58f.

[14]) G. Hole, Fundamentalismus, Dogmatismus, Fanatismus. Der Konsequenzzwang in der Persönlichkeitsstruktur und die Chance der Toleranz, in: Pluralismus in Kirche und Gesellschaft, hg.v.P. M.Zulehner, Freiburg 1988, 56–85.

munismus, Papsttreue können solche zentralen Leitwerte sein. Die Identifizierung mit einem absoluten Ideal ist stark. Der für den erwachsenen Menschen immer anwesende Zweifel an der Gültigkeit der vertretenen Ideen wird durch eine Überfestigkeit kompensiert, die aber nicht aus innerer Einsicht, sondern von Autoritäten bezogen wird. Dementsprechend wird wenig Wert auf persönliche Urteilsbildung, auf Eigenverantwortung und Gewissen gelegt.[15]) Die abstrakte Wahrheit zählt mehr als das Einzelschicksal, in das einzufühlen schwerfällt. Kränkbarkeit und Humorlosigkeit sind Ausdruck für das mangelnde Selbstwertgefühl. Widerstand wird auf solchem psychischem Hintergrund oftmals als regressive Erpressung ausgeübt. Er nimmt dann die Gestalt simulierter Kränkung an. Wer mit ihnen nicht übereinstimmt, bekommt das Gefühl vermittelt, nicht dem Wachstum der Kirche zu dienen, sondern eher einen Verantwortlichen zu kränken („Mach mir doch nicht solche Schwierigkeiten!“).

Im Umkreis einer solchen Haltung hat es die Offenheit schwer. Sie wird als Bedrohung der autoritätsgestützten „Wahrheit“ erlebt und daher vehement verworfen. Der Umgang mit dieser Art von Personen ist überaus schwierig. Zur persönlichen Veränderung sind sie kaum in der Lage, weil sie jegliche Introspektion in ihr Ich verweigern. Das Unfertige und Böse wird nach außen projiziert: auf die verfallende Kultur, die Bischöfe, die versagen, auf die (Moral)Theologen. Gelangen diese Personen in Machtpositionen, sind sie in ihrem Sinn sehr effizient, weil machtorientiert. Hat man sie zum Gegner, kann man mit ihnen nicht verhandeln, sondern sich nur durch juristische Maßnahmen schützen. Diskussionen über grundlegende Themen (wie *die* Wahrheit, *die* Treue zum Papst) sind zweck-

---

[15]) Solche Christen sagen dann beispielsweise: Sobald der Papst für Ministrantinnen eintritt, bin ich auch dafür.

los. „Die Psychopathen sind immer da. In guten Zeiten begutachten wir sie, in heißen Zeiten beherrschen sie uns."[16]) Im Blick auf die bedrohte Zukunft der Menschheit hat Günter Hole formuliert: „Nicht die Halbherzigen und die Kompromißler machen die Welt kaputt, sondern die Konsequenzler."[17]) Und in der Kirche?

Wer solchen Analysen zustimmen kann – die Betroffenen werden sich dabei vorhersehbar schwer tun, weil es eine bedrohliche, wenngleich heilsame Einsicht wäre – , wird verstehen, warum es heute gerade in unseren freiheitlichen Gesellschaften eine wachsende Zahl von Bürgern gibt, die Zweifel am Segen der Freiheit und des damit verbundenen Pluralismus haben. Die Offenheit gefährdet sie. Schließung der Offenheit hingegen zähmt vordergründig ihre Ängste. Also wird sie kräftig betrieben. Die Grundangst wird freilich nur verdeckt und verdrängt.

Die Allianz von Angst und Macht

Schließung der Offenheit fordern – insbesondere in Österreich – auch noch andere Kreise außerhalb der Kirche. Sie gelten als die „Neokonservativen".[18]) Im politischen Spek-

---

[16]) Kretschmer, Geniale Menschen.

[17]) Hole, Fundamentalismus, 56-85.

[18]) Zum Parallelphänomen des Neokonservativismus in Gesellschaft und Kirche: H. Dubiel, Was ist Neokonservativismus? Frankfurt 1985. – O. Henning, Was ist heute konservativ? in: IKZ 16(1987), 544-553. – M. Greifenhagen, Freiheit gegen Gleichheit. Zur Tendenzwende in der Bundesrepublik, Hamburg 1975. – Der Neokonservativismus, in: Concilium 17 (1981), 1-90. – H. L.Ollig, Der Streit um die Moderne. Positionen der deutschen Gegenwartsphilosophie, in: Theologie und Philosophie 63(1988), 1-33. – Einen Überblick über konservative Bewegungen in der Kirche enthält: Sauerteig und Sekten, in: Lebendige Seelsorge 25(1974), 65-134. – Die Kirchen und ihre Konservativen, hg.v.R. Frieling, Göttingen 1984.

trum sind sie weit rechts von der Mitte anzusiedeln. Die Christen unter ihnen träumen von einer dominant „christlichen" Gesellschaft oder zumindest von einem verstärkten Einfluß „christlich geprägter" Politik.

Eben solche Politik sei heute in Österreich deshalb nicht durchzusetzen, weil die Kirche insbesondere nach dem Konzil auch in politischer Hinsicht pluralistisch geworden ist. Einst war die österreichische Kirche – wie in anderen katholischen Gebieten Europas – eng verwoben mit jener Partei, die sich als Erbin des einst christlichen Landes verstanden hat: den Katholisch-Konservativen, sodann den Christlich-Sozialen, und nach dem Krieg mit der Österreichischen Volkspartei. Auf dem Mariazeller Katholikentag erklärte sich aber Österreichs Kirche als „freie Kirche im freien Staat" und betrieb aus pastoralen Überlegungen eine „Entkirchlichung der Politik" sowie eine „Entpolitisierung der Kirche".[19]) Faktisch bedeutet dies eine Öffnung der Kirche in Richtung auf die Sozialdemokratie hin. Vor allem der Wiener Kardinal König trieb diese pastorale Linie voran. Während seiner Amtszeit fanden Verständigungsgespräche zwischen der Katholischen Aktion und der Leitung des Sozialistischen Partei Österreichs statt, die zu einer weitgehenden Aussöhnung zwischen Kirche und SPÖ geführt haben. Lediglich der Streit um die Fristenlösung trübt bis heute dieses neuartige Verhältnis.

Einige Kritiker aus der Österreichischen Volkspartei (ÖVP) erlebten diese Vorgänge von hoher politischer Tragweite wie der zuhause gebliebene Sohn im Lukasevangelium (Lk 15) und mußten neidvoll erleben, daß die Kirche den „verlorenen Sohn" aufnahm. Sie weisen darauf hin, daß langfristig von dieser Politik nur die Sozialisten profitiert hätten: sowohl der Volkspartei wie der Kirche habe

---

[19]) Kirche in neuer Zeit. Reden und Erklärungen des Österreichischen Katholikentages 1952, Innsbruck 1952, 44-50.

sie hingegen schwer geschadet. Die Kirche habe nicht Sozialisten hinzugewonnen, sondern vielmehr Mitglieder an sie verloren: Treu geblieben seien ihr nur die ÖVP-Wähler. Diese stellten, so Umfragen, mehr als 90% aller Pfarrgemeinderäte. ÖVP-Wähler, die vor allem wegen ihrer Verbundenheit mit der Kirche diese Partei gewählt hätten, seien jedoch zu anderen Parteien abgewandert. Habe ihnen doch ihre eigene Kirche das Gefühl vermittelt, daß jeder Christ sich jeder demokratischen Partei anschließen könne. Dem Kardinal König wurde der Begriff der Äquidistanz unterschoben, obwohl er ihn so nie gebraucht hat. Denn er vertrat die Auffassung, nicht die Kirche bestimme die Distanz zwischen der Kirche und den Parteien, vielmehr beziehe die Kirche in wichtigen gesellschaftspolitischen Fragen Position, und die Wähler wie die Parteien müßten von sich aus klären, ob sie der kirchlichen Position fern- oder nahestünden.

Diese politische Öffnung trug dem Wiener Kardinal bei „rechten" Kritikern die Bezeichnung des „roten Kardinals" ein.[20]) Zugleich verfestigte sich bei ihnen die Auffassung, daß diese für die ÖVP schädliche Politik der Kirche bekämpft, ja rückgängig gemacht werden müsse. Auf argumentativem Weg sah man freilich wenig Erfolgschancen. So setzte man auf die Personalpolitik. Für die Zeit nach König sollte eine neue Generation von Bischöfen eine Abwendung von der bisherigen Kirchenpolitik herbeiführen. So bemerkte Andreas Khol, Leiter der Politischen Akademie der ÖVP in Wien, daß der Papst in seinen Reden zu den Themen „Ehe und Familie" und „verantwortete Elternschaft" einen falschen Freiheitsbegriff kritisiert habe, und er fuhr fort: „In all diesen Fragen, wie

---

[20]) Der Leserbriefschreiber Franz Gölles beklagte in der Tageszeitung „Die Presse" die „verhängnisvolle Ära König" und attackierte die „größtenteils vom Modernismus verseuchten Bischofskonferenzen" (Die Presse vom 4. 4. 1987).

sie der Papst hervorgehoben hat, gibt es keinen Pluralismus, gibt es klare Aussagen, klare Verantwortlichkeiten und einen klaren Auftrag des Lehramtes, sich Gehorsam zu verschaffen." In einer Fußnote fügt er dann schlußfolgernd bei: „Für Klerus und Hierarchie in Österreich, für die ganze Kirche bedeutet dies einen neuen Auftrag, der in seiner Tragweite offensichtlich noch nicht ganz erkannt wurde. Es ist dies auch ein Langzeitprogramm. Die Bischofsernennungen in Österreich, die Wirkung der Bischöfe auf den Klerus, all dies sind wichtige Instrumente, die aber Zeit benötigen."[21])

Nach dem Rücktritt von Kardinal König scheint für diese oben genannten politischen Kreise die Zeit gekommen zu sein, wirksam an der Suche nach Bischöfen mit einer neuen politischen Grundeinstellung mitzuwirken.[22]) Der innerkirchliche Wunsch nach Reduzierung der Offenheit verbündete sich mit dem politischen Wunsch. Politisch verläßliche, oder zumindst politisch „unschädliche" fromme Männer sollten Rom als Kandidaten für freiwerdende Bischofsstühle schmackhaft gemacht werden. Dies mußte deshalb leichtfallen, weil „neokonservative Kreise" in der Kirche wie in der ÖVP (mit Verstärkung des Hochadels) das gleiche Ziel verfolgten: die Schließung der kirchlichen Offenheit in allen Belangen, in der Liturgie, der Katechese, der Politik und der Theologie, insbesondere der Moral. Es wird erzählt, daß ein Drahtzieher

[21]) A. Khol, Katholikentag und Papstbesuch 1983: Eine kritische Würdigung, in: Österreichisches Jahrbuch für Politik 1984, hg.v.A. Khol u.a., München 1985, 431. – Zur Auseinandersetzung um Kardinal König: H. Schneider, Katholizismus, Pluralismus und kirchliche Politik in Österreich. Anmerkungen zu einem Beitrag von A. Khol, in: aaO., 437-495.

[22]) So schrieb am 6. 6. 1986 Tommaso Ricci (communione e liberazione) einen Beitrag „Ein Erbe für den Thron von Franz König", einen für Österreich und den Kardinal sehr nachteiligen Artikel, der den Vatikan zu einer personalpolitischen Weichenstellung veranlassen sollte.

dieser Politik sich unlängst bei einem Hochzeitsbankett rühmen konnte: „Wir waren bislang bei einigen Kandidaten erfolgreich und werden es noch bei weiteren sein.“ Und der Landtagspräsident eines österreichischen Bundeslandes hat bei einem Tischgespräch offenherzig erklärt: „Die Politik wär schon gut, nur die Männer waren nicht immer die richtigen.“

Wer realistisch denkt, nimmt an, daß diese unheilige Allianz von Angst und Macht, die gemeinsam die Schließung der Offenheit anstrebt, weiterhin erfolgreich wirken wird. Auch die kommenden Bischöfe im Burgenland, in St.Pölten und dazu weitere Weihbischöfe werden vermutlich dieser neuen Linie angehören. Das Ziel, aus innerkirchlichen wie (partei)politischen Gründen die Bischofskonferenz umzudrehen, hat Aussicht auf Erfolg.

Was damit nicht erreicht werden wird, ist eine Überwindung der gegenwärtigen Kirchenkrise. Vielmehr wird diese sich vergrößern. Der Zugewinn konservativer Kirchenpolitik wird kleiner sein als der vorhersehbare Schaden, den sie anrichten wird. Der Preis für diesen Weg der Kirche wird zu groß sein.

IV

Der zu hohe Preis

Während also voraussichtlich die eingeleitete Entwicklung ungebrochen weitergehen wird, werden bereits ihre Folgen sichtbar: neben der Trauer, Resignation und Emigration vieler wächst eine tragische Isolation der neuen Amtsträger.

Emigration

Nicht erst durch die gegenwärtige Kirchenpolitik wachsen das Mißtrauen und die Entfremdung mehrerer Gruppen in der Bevölkerung. Aber Äußerungen der neuen Bischöfe verstärken das Mißtrauen und vergrößern die Distanz.

– In der katholischen Kirche hatten es die Eheleute immer schon schwer. Zwar hatten nach dem Konzil, im Rahmen der dort vorgetragenen Ehelehre, die österreichischen Bischöfe wie viele andere Bischofskonferenzen einen pastoral verantwortlichen menschenfreundlichen Weg eingeschlagen. Zumal in den Fragen von Scheidung/Wiederverheiratung sowie in der pastoralen Handhabung von Humanae vitae war unter Kardinal König die Österreichische Bischofskonferenz aufgeschlossen. Wiederverheiratet Geschiedenen wurde das Gespräch mit einem erfahrenen Seelsorger nahegelegt[23]), die Diözese Linz be-

[23]) Erklärung der Österreichischen Bischöfe zum Abschluß der Bischofssynode, zit.nach: Verordnungsblatt der Erzdiözese

stellte zudem in jedem Dekanat einen gut ausgebildeten erfahrenen Seelsorger für diese wichtige pastorale Frage. Die neuen Bischöfe halten mit ihren Verbündeten im Volk[24]) an dieser pastoralen Linie nicht mehr fest. Die Bischofskonferenz wurde genötigt, die Maria-Troster Erklärung[25]) „fortzuschreiben", was manche befürchten läßt, daß „fort" eher „weg von" als in „Fortsetzung von" bedeutet. Schade wäre es, denn bei Maria-Trost wäre noch Trost für sehr viele zu finden gewesen.[26])

– Nicht leicht haben es heute auch die Frauen in der Kirche. Kardinal König hatte zwar für sie eine Beteiligung an wichtigen Entscheidungen in der Kirche gefordert, was zur Voraussetzung haben müsse, daß Frauen in den Entscheidungsgremien Sitz und Stimme haben: also in Domkapiteln, Konsistorien, Bischofsräten.[27]) Frauen aus der Kirche haben sich zudem zusammengetan mit ihren Schwestern in der

---

Salzburg 11(1980), 153-156. – H. Krätzl, Seelsorge an wiederverheiratet Geschiedenen, Wien 1979. – Weitere Dokumente in: P. M.Zulehner, Scheidung, was dann . . .? Fragment einer katholischen Geschiedenenpastoral, Düsseldorf ²1983.

[24]) So warf Wolfgang Waldstein, ein namhafter Vertreter der konservativen Richtung in Österreich, dem früheren Salzburger Erzbischof vor, der Lehre des Evangeliums in der Geschiedenenfrage entgegenzulaufen, weil er in seiner Relatio bei der Bischofssyode 1985 im Auftrag der Österreichischen Bischofskonferenz die Bitte geäußert hatte, weiterhin nach Lösungen zu suchen, wie Betroffene unter gewissen Voraussetzungen zu den Sakramenten zugelassen werden könnten. Von einer Bestürzung des Papstes hat Erzbischof Berg entgegen der Behauptung Waldsteins nichts bemerkt. So sagte dieser selbst in einer Predigt im Salzburger Dom: KathPress 15. 4. 1987.

[25]) Die Maria-Troster Erklärung von 1968 sei eine „Irreführung der Gewissen": W. Waldstein, Furche vom 10. 4. 87.

[26]) Bischof Weber hat sich und seinen Mitbischöfen selbst vorgeworfen, einen „Pastoralismus" betrieben zu haben: Nach dem „Sturm", in: KathPress 5. 11. 1987.

[27]) F. König, Frau und Kirche, Vortrag am 17. 3. 1987 in der Universität Wien.

Gesellschaft, um gemeinsam mit ihnen für Würde und Gerechtigkeit zu kämpfen. Dies verlangt nach einer Neubestimmung nicht nur der Frauen-, sondern auch der Männerrolle. Die in der Kirche tradierte Festschreibung der Frauenrolle auf Ehe und Familie, auf die Mutterrolle und die religiöse Erziehung, ist vielen Frauen nur eine unter mehreren möglichen Gestalten weiblicher Existenz. Die neuen Bischöfe fördern – trotz gegenteiliger päpstlicher Äußerungen, wie Mulieris dignitatem (Rom 1988) – solche Entwicklungen nicht. Frauen erleben sich somit immer weniger in ihren Anliegen von der Kirchenleitung unterstützt.

– Immer schwerer scheinen es auch arbeitende Menschen sowie Arbeitslose zu haben. Die Diskussion um den geplanten Sozialhirtenbrief macht deutlich, daß es in der österreichischen Kirche Optionen für die sozial Schwächeren nicht leicht haben. Zumal Gruppen, die gegen eine Zweidrittelgesellschaft kämpfen, gelten schnell als Außenseiter.

– Schwerer hat es in den neuen Zeiten die Ökumene. Die Abgrenzung hat mehr Chancen als die Öffnung. Die Hoffnung, durch das Ausloten neuer gemeinsamer Handlungsmöglichkeiten die Stagnation der ökumenischen Bewegung zu brechen, ist geringer geworden. Der Aufruf Kardinal Königs, die Leute mögen ihre Bischöfe bedrängen, in der Ökumene mutiger voranzuschreiten, ist dringlicher denn je.

– Kritisch ist angesichts der neueren Entwicklungen die Lage vieler Arbeitnehmer in der Kirche. Vor allem Laienangestellte sind in hohem Maß von der Kirche abhängig: Pastoralassistentinnen, Angestellte in caritativen Einrichtungen, das katechetische Personal. Scheitert eine Ehe, heiratet jemand nach reiflicher Überlegung ein weiteres Mal, oder vertritt jemand im Unterricht eine religionspädagogische Linie, die dem konservativen Trend nicht entspricht, dann bedroht dies den Arbeitsplatz und die dahinterstehende Familie. Gerade unter den Laienangestellten breitet sich Angst aus. Bei den Schwächeren wächst Opportunismus, die Stärkeren gehen weg.

– Die Skepsis gegenüber den Bischöfen neuer Art erstreckt sich neuestens auf Frauen und Männer in verschiedenen politischen Parteien. Die ÖVP-Familienministerin beklagte, daß ein designierter Bischofskandidat die Unterordnung der Frau unter den Mann einforderte.[28])

– Am meisten Sorge und Ratlosigkeit finde ich zur Zeit bei vielen gläubigen und kirchenloyalen Eltern. Wie sollen wir unseren Kindern, so fragen sie, die eben dabei sind, ihre Freiheit zu erproben, eine Kirche erschließen, die ein abgrundtiefes Mißtrauen gegen die Freiheit hat, in der die Angst vor dem Risiko größer ist als die Bereitschaft zum Wagnis? Viele Eltern sagen: Wir selber halten schon durch. Aber unsere Kinder? Ist das der Beitrag meiner Kirche zur Evangelisierung der Jugend? fragen sie beklommen weiter.

Das ist also eine erste Folge der versuchten Schließung der Offenheit: Nonkonformisten, Freiheitsverliebte, aber auch Intellektuelle, Innovative ziehen sich zurück. Gewiß tun dies nicht alle, aber um jede einzelne und um jeden einzelnen ist es schade. Die Kirche wird so ärmer, denn mit den Menschen wandern ja auch die Begabungen aus, die der Kirche dann fehlen. Was übrig bleibt, ist vorhersehbar eine enge Kirche von Ordnungsbedürftigen, Opportunisten, Karrieristen und einigen Machtmenschen. Sollte zutreffen, was einmal einer formuliert hat, daß auf diesem Weg die Kirche langsam „zur Sekte saniert" wird? Manche verweisen dabei auf die Wiener Hochschulgemeinde.[29]) Sie ist zahlenmäßig klein und in der Ausrichtung monokolor geworden. Mag sein, daß sie auch in den vergangenen Jahren nicht offen genug war und die „Rechten" es in ihr schwer hatten, Wurzeln zu fassen. Aber ein Übel wird nicht durch ein anderes geheilt. Es ist zu wenig, wenn die „Linken" durch „Rechte" ersetzt werden. Beide

---

[28]) Kronenzeitung vom 6. 1. 89, 3.

[29]) C. M.Auer, Vertane Chancen. Zum Niedergang der Hochschulseelsorge in Wien, in: Academia. Zeitschrift für Politik und Kultur, 39(1988), 30.

brauchen einander, weil keine Hälfte die ganze Wahrheit erfassen kann.

Isolation des Amtes

Eine zweite schädliche Folge der gegenwärtigen Entwicklungen in der Kirche ist neben der Emigration zu vieler die Isolation der neuen Amtsträger. Appelle, die neuen Bischöfe in Gehorsam anzunehmen, bestätigen diese Isolation, vermögen aber die drohende Spaltung „von oben"[30]) nicht zu verhindern.

---

[30]) Es gibt beredte Zeugnisse für eine solche „Spaltung von oben". So heißt es in einem Brief des Kantonalen Seelsorgerates Graubünden an den Diözesanbischof Johannes Vonderach vom Mai 1988 anläßlich der Ernennung des Kanzlers Wolfang Haas zum Weihbischofkoadjutor in Chur: „Anläßlich seiner letzten Sitzung kam der Ausschuß des Kantonalen Seelsorgerates Graubünden auch auf die Spaltung im Kirchenvolk zu sprechen, welche nach der Ernennung von Herrn Kanzler Wolfgang Haas zu Ihrem Koadjutor entstanden ist. Als Präsident wurde ich beauftragt, Ihnen, sehr geehrter Herr Bischof, unsere große Sorge darüber mitzuteilen und unsere Angst. Wir stellen unter den Gläubigen einen zunehmenden Vertrauensschwund gegenüber der Kirchenleitung fest. Dabei wissen wir uns solidarisch mit einem Großteil der Gläubigen in unserer Enttäuschung über das Vorgehen bei dieser Ernennung. Wir sind besorgt, wie viele engagierte Katholiken unter uns, die noch bereit waren, Verantwortung zu tragen, resignieren. Sie fühlen sich nicht genug als mündige Christen ernst genommen und erneut in die Rolle von Schafen in einer vorkonzilarischen Kirche zurückversetzt, die sie nicht mehr akzeptieren wollen und können. Wir haben deshalb große Angst, daß noch mehr Mitgläubige sich still von der Kirche absetzen und zu heimatlosen Christen werden. In dieser Sorge sind wir Ihnen, sehr geehrter Herr Bischof, dankbar für jede Geste, welche die aufgezeigte Kluft verringert und für jeden Schritt, der unsere Befürchtungen vermindert."
Ein anderes Dokument aus Spanien befürchtet gleichfalls

Zu dieser Isolation, dieser „Spaltung von oben", kommt es auf folgende Weise: Bischöfe sind mit der Leitung einer Ortskirche beauftragt. Leitung ereignet sich aber stets im Wechselspiel zwischen dem Leiter und der Gruppe, der Gemeinschaft, die geleitet wird. Verweigert eine Gruppe die Leitung, kann diese auch nicht wirksam ausgeübt werden. Dann gibt es zwar vom übergeordneten sozialen System zugewiesene „Vor-Gesetzte", die aber mangels der Annahme durch die Leute nicht die Möglichkeit erhalten, die Gemeinschaft auch zu führen.[31])

Die Beteiligung der Ortskirche[32]) bei der Suche nach Kan-

---

eine solche „Spaltung von oben". Der Kontext dieses Textes ist folgender: 1987/88 wurden in Spanien verschiedene Theologen und Journalisten prominenter katholischer Publikationsorgane abgesetzt. Persönlichkeiten des öffentlichen Lebens verfaßten daraufhin ein Manifest, in dem es heißt: „5. Wir richten einen Aufruf an unsere Bischöfe und andere Autoritäten innerhalb der Kirche, daß sie ihre Einheit und ‚communio' mit dem Volk Gottes bewahren, das sie selbst – ohne es vorzuhaben – spalten; daß sie in seiner Mitte leben und ihm dienen, daß sie ihm zuhören und sich von ihm belehren lassen; daß sie den Respekt vor den Menschenrechten innerhalb der Kirche fördern; und daß sie auf ihre Verantwortung und Freiheit gegenüber den restaurativen Bewegungen nicht verzichten, die die Hoffnung und Dynamik auslöschen, die das Zweite Vatikanische Konzil bei uns Laien erweckt hat."

[31]) Daher fordert die Organisationslehre: „Die Leitung des übergeordneten sozialen Systems wird also darum bemüht sein, daß die offiziell designierten Vorgesetzten von der Gruppe ihrer Untergebenen auch zum Führer gemacht werden." W. Hill u.a., Organisationslehre, Bd.1, Bern [3]1981, 113.

[32]) Das II. Vatikanische Konzil hatte den Ortskirchen aus theologischen Gründen eine hohe Eigenständigkeit eingeräumt: „Darum (da das Gottesvolk in allen Völkern der Erde wohnt) gibt es auch in der kirchlichen Gemeinschaft zu Recht Teilkirchen, die sich eigener Überlieferung erfreuen, unbeschadet des Primats des Stuhles Petri, welcher der gesamten Liebesgemeinschaft vorsteht, die rechtmäßigen Verschiedenheiten schützt und zugleich darüber wacht, daß die Besonderheiten

didaten für die bischöfliche Leitungsaufgabe ist daher kei-

---

der Einheit nicht nur nicht schaden, sondern ihr vielmehr dienen" (Kirchenkonstitution 13). – „Die Kirchen des Ostens wie auch des Westens haben das volle Recht und auch die Pflicht, sich jeweils nach ihren eigenen Grundsätzen zu richten, die sie durch ihr ehrwürdiges Alter empfehlen, den Gewohnheiten ihrer Gläubigen besser entsprechen und der Sorge zum das Seelenheil angemessener erscheinen" (Ostkirche 5). – Daß der vom Konzil eröffnete Handlungsspielraum der Ortskirchen von einem römischen Zentralismus eingegrenzt wird – oft auch deshalb, weil die Ortskirchen ihre Kompetenzen nicht wahrnehmen und so faktisch verspielen –, haben schon die skandinavischen Bischöfe in einer Stellungnahme zu den Lineamenta der Bischofssynode des Jahres 1971 so formuliert: „Wurde die Ekklesiologie des Konzils bezüglich der Universalkirche und der Lokalkirche richtig verstanden und sind die entsprechenden binnenkirchlichen Beziehungen der Kollegialität und der gegenseitigen Verbundenheit hergestellt worden, z.B. im Hinblick auf den Papst und den Hl.Stuhl, und weiter im Verhältnis zu den Bischöfen und den Bischofskonferenzen, wie auch die Beziehung zwischen den Bischöfen, den Geistlichen, den Ordensangehörigen, den Laien und auch innerhalb der Räte und desgleichen (vgl. Lumen gentium)?"
„Eine ... Schwierigkeit bietet unserer Meinung nach das Verhältnis der Universalkirche und den Lokalkirchen. Die Natur der Lokalkirche wurde bei uns ... infolge des Konzils viel besser verstanden und geschätzt. Jedoch hat man in den letzten Jahren eine Wiederbelebung der Universalkirche zur Kenntnis nehmen müssen, die aber einen zentralistischen Charakter bekommen hat; Papsttum, Kurie, Nuntius/Delegat. So scheint es uns, daß die Lokalkirchen die Freiheit zu einer größeren Pluriformität, und zwar auf allen Gebieten, genießen sollten. Wir fragen uns in dieser Hinsicht, ob es eine echte Lehre der Kirche über die Beziehungen gibt. Denn wir empfinden eine wachsende Spannung zwischen Zentralismus und Universalismus. Ökumenisch gesehen müßte – so meinen wir – dieser Tatbestand von der Synode besser geklärt werden, weil es im Dialog mit den anderen Kirchen durchaus notwendig ist, zu wissen, wie weit die Lokalkirchen (oder Regionalkirchen) eigenständige Lösungen im ökumenischen Bereich

neswegs nur eine Frage ererbter Rechte. Die Möglichkeit, Leitung auch wirksam auszuüben, hängt davon entscheidend ab. Es ist betrüblich, daß in manchen Ländern Konkordate und über sie Politiker die plausiblen Ansprüche einer Ortskirche schützen müssen. Es wird künftig auch nicht ausreichen, daß aus feudalen Kirchenzeiten stammende Domkapitel das Kirchenvolk vertreten, so wertvoll sie für eine kurze Übergangszeit noch sein mögen und so

---

suchen dürfen. Am deutlichsten tritt dieses Problem in den Beziehungen zu den Anglikanern auf. Das Subsidiaritätsprinzip sollte unserer Meinung nach besser gehandhabt werden in der Kirche, so daß das Leben der Lokalkirchen ungestört vom Eingreifen (z.B.vom päpstlichen Repräsentanten) laufen kann. Auch sollten Rekurse nach Rom auf das möglichst Minimale reduziert werden, was ja ein ausgezeichnetes Resultat des Konzils war. Die Pflicht, Rom die CIC-Bestimmungen der Bischofskonferenz zur Gutheißung vorzulegen, wird als fragwürdig empfunden. Im allgemeinen möchten wir unterstreichen, daß es für die guten Verbindungen immer wichtig ist, Vertrauen zu haben.
In LG 13 werden einige Aspekte der Universalität der Kirche genannt. Im „Documentum quod“ des Sekretariats für die Nichtglaubenden (18. 6. 68) heißt es: „Pluralismus est velut nostrae aetatis propria ratio. Verus pluralismus haberi nequit nisi homines et communitates . . .. ineant dialogum.“ Die Internationale Theologenkommission spricht (10. 11. 72) über Einheit und Vielfalt in den Glaubensformulierungen. Papst Paul VI. lehrt (22. 2. 1976), daß ein ausgewogener, theologischer Pluralismus sein Fundament im Geheimnis Christi selbst hat. Die Kongregation für Erziehung schreibt (22. 2. 1976): Es ist Aufgabe der Theologie, die Grenzen für den Pluralismus festzustellen, und: „die Kirche anerkennt einen Pluralismus in der Theologie, weist aber einen arbiträren und chaotischen Pluralismus ab.“ Die Frage ist, inwieweit die Prinzipien zu praktischen Resultaten führen können. Die Synode täte wohl, dieses Problem aufzugreifen. (PTI 2/1985, 219f.) – Aichern formulierte den Wunsch, den Ortskirchen „klar definierte Freiräume zur Entscheidung über die äußere Gestaltung ihres Wirkens“ zuzubilligen: KathPress 14. 10. 1987.

gut manche von ihnen in den letzten Ereignissen ihren Dienst zum Wohl der Ortskirchen – wenn auch ergebnislos – erfüllt haben. Vielmehr wird es künftig Diözesanversammlungen geben müssen, in denen die Kandidaten der Ortskirche gefunden werden. Auf dem Hintergrund der Ereignisse in den vergangenen Monaten wurden auch schon ernsthafte Modelle für einen solchen Vorgang der Kandidatensuche in einer Ortskirche vorgestellt.[33])

[33]) „1. Unter Beteiligung der Priester und Laien (zumindest der stellvertretenden Vorsitzenden der Pfarrgemeinderäte) der Diözese wird zunächst eine Kandidatenliste erstellt. Diese könnte etwa auf dieselbe Art zustande kommen, wie derzeit die Kandidaten für die Bischofsvikare in der Diözese Wien gefunden werden; vgl.Wiener Diözesanblatt 125(1987), 10f. Zuerst werden die Vorschläge der einzelnen Dekanate und apostolischen Gruppierungen (jeweils höchstens drei) gesammelt. Daraus wird nach Rücksprache mit den Genannten eine alphabetische Vorschlagsliste erstellt. Aus dieser wählen alle Berechtigten (vgl.Ordnung für die Erstellung des Ernennungsvorschlages von Bischofsvikaren 4.2.) 20 Personen als Kandidaten für die engere Wahl.
2. Zusammenstellung eines Dreiervorschlages in einem Diözesankonklave: Weil die Wählenden über alle persönlichen Eigenschaften der Kandidaten nicht genügend informiert sein können und die Wahl überhaupt ein spiritueller Vorgang sein soll, wird nun in einem zweiten Vorgang von einem Gremium (alle Mitglieder des Domkapitels, des Priester- und des Diözesanen Pastoralrates) ein Dreiervorschlag erstellt. Die Teilnehmer an dieser Entscheidung ziehen sich zu gemeinsamen Beratungen unter Gebet und Fasten zurück, um wirklich nach dem Willen Gottes (und nicht nach eigenen Interessen) entscheiden zu können und die nötigen Informationen untereinander auszutauschen bzw. die Kandidaten zu Aussprachen einzuladen. Dieser Vorgang wird von der ganzen Diözese mit Gebet begleitet.“ Vorschlag Forum „Kirche ist Gemeinschaft“, Wien 1987. – Dazu J. Remy, Beteiligung des Gottesvolkes an der Wahl und Ernennung eines Bischofs, in: Concilium 16(1980), 507-514. – Der Alterzbischof Josef Schoißwohl (Graz) hatte seinerseits einen Vorschlag für ein Mitbestimmungsmodell bei Bischofsernennungen nach Rom

Betrüblich ist die Tatsache, daß bei zu vielen Kirchenmitgliedern die vor-gesetzten Bischöfe kaum Vertrauen genießen. Ohne solches Vertrauen ist es aber nicht möglich, daß die Leitenden bewegende Visionen in die Gemeinschaft einbringen und so Führungsaufgaben wahrnehmen. Sie können dann zwar die bürokratischen Anteile der Organisation verwalten, über Geld entscheiden und Posten besetzen. Aber Aufbruch und neue Lebendigkeit vermögen sie kaum zu entfachen. Ohne Vertrauen ist nämlich der Zugang zu den Herzen versperrt.[34]) Die Folge ist eine tragische Isolation der neuen Amtsträger, während sich die älteren zunehmender Beliebtheit erfreuen. Es ist geradezu beschämend, wie bei öffentlichen Anlässen der Applaus auf frühere und neuere Bischöfe ungleich verteilt wird.[35])

Diese Isolation von Amtsträgern ist aber nicht nur tragisch und peinlich, sondern für die Kirche auch schädlich. Gibt es doch gerade in der heutigen Kirche einen erhöhten Amtsbedarf. Wer kann denn die vielfältigen Gruppen und Bewegungen in der heutigen Kirche zusammenhalten? Wer vermag die Einheit zu wahren? Solange das Amt auf den verschiedenen Ebenen vor allem für die Einheit zuständig ist, erwächst aus dem Einheitsbedarf der Kirche

---

übermittelt. Ein von Priestern und Laien besetzter Senat von 30 bis 40 Leuten sollte in jeder Diözese regelmäßig Namen möglicher Bischofskandidaten nach Rom melden. „Man hat mir geantwortet, man denke in Rom selbst darüber nach . . ., aber die Zeit sei doch noch nicht so reif.“ Wochenpresse 10. 4. 1987.

[34]) W. Bennis, Führungskräfte. Die vier Schlüsselstrategien erfolgreichen Führens, Frankfurt [3]1987. – H. J.Leavitt, Der Manager als Pionier im Unternehmen, Landsberg 1986.

[35]) Ich habe aus diesem Grund schon einmal Studenten vorbeugend gebeten, jeglichen Applaus zu unterlassen, um so einem neuen Bischof die Demütigung zu ersparen. Schuld an solchen unerfreulichen Situationen haben aber nicht die Leute. Sie sind ja selbst Leidtragende und nehmen eben solche Gelegenheiten wahr, ihrem Unmut Luft zu machen.

auch ein erhöhter Amtsbedarf. Wie können aber Amtsträger, die selbst einer extremen Gruppe zugeordnet werden oder sich ihr selbst zurechnen, dieses sensible Amt der Einigung ausüben? Wie können sie es, wenn sie nicht das Vertrauen einer breiten Basis besitzen? Von hier aus ist der Verdacht naheliegend, daß die in Rom Verantwortlichen Führungsschwäche zeigen, wenn sie zum Einheitsamt Personen bestellen, die extremen Gruppierungen angehören. Eine solche Bestellung mag dann formell noch so rechtens sein, förderlich ist sie deshalb noch nicht. Würde man sich wenigstens an den Wortlaut der früheren Übersetzungen der alten Präfationen halten, wo es hieß: „Es ist in Wahrheit würdig und recht, billig und heilsam . . .“. Es reicht nicht aus, wenn etwas nur recht ist, aber von vielen nicht gebilligt wird. Es kann dann auch nicht heilsam sein.

Verlust der Transparenz

Schädlich an der gegenwärtigen Entwicklung ist ferner die Geheimniskrämerei. Es ist selbst dem überdurchschnittlich informierten Kirchenmitglied nicht einsichtig, auf welchem Wege Informationen gesammelt, weitergegeben, interpretiert werden. Da wird beispielsweise vom pastoralen Notstand gesprochen. Diesen hätten die „früheren“ Bischöfe zu verantworten. Bei der Bestellung ihrer Nachfolger könnten sie daher nicht mitsprechen; die „neuen“ Bischöfe, manchmal auch „Notstandsbischöfe“ genannt, müßten an ihnen und der Bischofskonferenz vorbei ernannt werden. So erzählt man, daß der päpstliche Nuntius in Wien einem Bischof, der ihm eine aus der Diözese stammende Kandidatenliste vorlegte, sagte, er könne diese Liste wieder mitnehmen, denn er habe selbst schon eine, auf der jene Leute draufstünden, die in nächster Zeit in Österreich Bischöfe würden.

Wer aber stellt fest, ob es einen pastoralen Notstand gibt? Auf Grund welcher Informationen wird diese Feststellung getroffen? Es könnte ja sein, daß auf Grund einer Notstandsmeldung die römische Feuerwehr ausrückt und eifrig löscht, obwohl es gar nicht brennt! Der einzige Schaden wäre dann der von der Feuerwehr verursachte Wasserschaden . . .[36])

Kommunikation und Entscheidungsvorgänge waren in den letzten Monaten auffallend intransparent. In einer Zeit, in der der Anspruch auf Beteiligung bei den Kirchenmitgliedern in den Ortskirchen größer geworden ist, wirkt sich Intransparenz schädlich aus.[37]) Intransparenz erzeugt Gerüchte. Und nicht alle nützen dem Ruf der Kirche. Ist schon wieder vergessen, daß sich unsere Kirche nach dem II. Vatikanischen Konzil im Dokument „Communio et Progressio“ (1969) selbst verpflichtet hat, für Transparenz zu sorgen, um schädlichen Gerüchten vorzubeugen?[38])

---

[36]) P. M.Zulehner, Der verordnete Notstand, Kleine Zeitung 12. 4. 87.

[37]) Dazu: H. Stenger, Für eine Kirche, die sich sehen lassen kann. Transparenz als pastoraltheologische Leitidee, in: Den Menschen nachgehen. Offene Seelsorge als Diakonie in der Gesellschaft. Hans Schilling zum 60.Geburtstag, hg.v.E. Schulz u.a., St.Ottilien 1987, 65-78.

[38]) „120. Wenn die Kirche lebendig sein und ihre Aufgaben wirklich erfüllen will, muß es zwischen kirchlichen Autoritäten auf jeder Ebene, katholischen Einrichtungen und allen Gläubigen einen ständigen, wechselseitigen und weltweiten Fluß von Informationen und Meinungen geben. Dafür sind entsprechende Institutionen zu schaffen und hinreichend auszustatten, z.B. Nachrichtendienste, Pressestellen, Begegnungszentren und Pastoralräte.
121. Wenn bei der Behandlung irgendwelcher Fragen in der Kirche Geheimhaltung geboten ist, gelten die gleichen Grundsätze wie im staatlichen Bereich. Die geistigen Werte, die in der Kirche zum Ausdruck kommen, erfordern es allerdings, daß die Informationen über ihre Absichten und über die Fülle ihrer Tätigkeit mit einem Höchstmaß an Vollstän-

Werden den Mitgliedern einer Gemeinschaft wichtige Informationen unentwegt vorenthalten, dann verbreitet sich auch ein Gefühl, wie es der Schriftsteller Franz Kafka unübertroffen beschrieben hat. Irgend jemand hinter verschlossenen Türen trifft Entscheidungen, denen man ohnmächtig ausgeliefert ist. Ein solcher Stil lähmt auf Dauer die besten Kräfte einer Organisation. Die Organisationspsychologie verweist auf diese Zusammenhänge:

> „Gelingt es, daß in einem Beratungsprozeß alle Beteiligten
> - das Problem verstehen
> - Zusammenhänge und Hintergründe von Entscheidungen erkennen
> - die Möglichkeit haben, ihre Meinung zu äußern, auch wenn sie Minderheiten angehören
> - Lösungen finden, bei denen sich niemand als Verlierer fühlt
> - an der Planung, Entscheidung und Durchführung der Aufgabe beteiligt sind,
>
> dann ist die Chance groß, daß sich Vertrauen entwickelt und die Teilnehmer die gefundene Problemlösung akzeptieren bzw. mitverantworten. Damit ist eine emotionale und sachliche Basis geschaffen, auf der tragfähige Veränderungsprozesse erfolgen können. Diese so simplen Voraussetzungen helfen, Energien zu bündeln, Kräfte zu konzentrieren und so jede Organisation langfristig leistungsfähiger, humaner und lebendiger zu machen.

---

digkeit, Wahrhaftigkeit und Offenheit gegeben werden. Wenn kirchliche Stellen Nachrichten zurückhalten oder nicht in der Lage sind zu informieren, öffnen sie schädlichen Gerüchten Tür und Tor, anstatt die Wahrheit ans Licht zu fördern. Geheimhaltung muß daher unbedingt auf solche Fälle begrenzt bleiben, bei denen es um den Ruf und das Ansehen eines Menschen geht oder andere Rechte einzelner bzw. von Gruppen verletzt würden.“ Pastorale Instruktion Communio et Progressio über die Instrumente der sozialen Kommunikation. Von den deutschen Bischöfen approbierte Übersetzung. Kommentiert von Hans Wagner, Trier 1971, 247f.

In Organisationen, in denen
- nur wenige ‚das Sagen haben'
- viel verschleiert, wenig informiert wird
- Mitarbeiter nicht um ihre Meinung gefragt werden
- Kritik als Demotivation abgewertet oder sogar bestraft wird
- die Mitarbeiter nur auf der Sachebene Kontakt miteinander haben,

kann keine vertrauensvolle Beziehung zwischen Menschen entstehen. Dies hat in der Regel zur Folge, daß auf der Sachebene Entscheidungen boykottiert werden, indem die Mitarbeiter oftmals passiven Widerstand leisten. Solche Organisationsstrukturen blockieren und demotivieren die Mitarbeiter und behindern die Leistungsfähigkeit einer Organisation. Unter solchen Bedingungen werden Energien zum Teil nutzlos verschleudert oder überhaupt nicht frei. Es werden Mißtrauen und Angst ausgelöst, was angepaßtes Verhalten und Lustlosigkeit verstärkt.
Die Kreativität und das vorhandene Potential der einzelnen werden nicht benutzt, wodurch das Wachstum aller Betroffenen und somit auch der Organisation behindert bzw. verhindert wird."[39])

Polarisierung

Es soll nicht an der Redlichkeit jener Verantwortlichen gezweifelt werden, die sich berufen wähnen, die Kirche vor Verfall und Verweltlichung retten zu müssen. Subjektiv werden sie wohl integre Leute sein. Redlich mögen auch jene Personen sein, die für (kirchen)politische Zwecke mißbraucht werden, obwohl sie von der ihnen aufgelasteten Aufgabe gesundheitlich und hinsichtlich ihrer Fähigkeiten überfordert werden.

---

[39]) R. Birmelin, Struktur – Prozeß – Vertrauen. Skizzen einer Organisationsentwicklung, in: Erfahrungen lebendigen Lernens. Grundlagen und Arbeitsfelder der TZI, hg.v.R. Birmelin u.a., Mainz 1985, 118f.

Solches Wissen darf aber nicht verhindern, auf die Schäden hinzuweisen, die solche möglicherweise gutgemeinte Kirchenpolitik zeitigt. Ein Schaden ist die Bildung von Lagern und die damit unweigerlich eröffnete gegenseitige Belagerung. Statt der Welt das Zeugnis eines Sakraments der Einheit zu geben, präsentiert sich unsere Kirche zur Zeit als Schauplatz von Intrigen, Verdächtigungen, Gerüchten und Geheimniskrämerei. Die Lager der Traditionalisten und Progressisten befehden einander. Und einzelne Bischöfe werden tragischerweise als Exponenten solcher extremer Positionen wahrgenommen. Polarisierung nimmt zu.[40])

---

[40]) Diese Polarisierung der Kirche in miteinander verfeindete Lager hat tiefe theologische Wurzeln. Grundsätzlich ist ja die Kirche berufen, inmitten der Welt Spuren des Reiches Gottes gegenwärtig zu halten. Die Kirche lebt daher von ihrer Präsenz inmitten der Welt. Die Kernfrage ist dann aber, wie dieses Verhältnis zwischen Kirche und Welt zu bestimmen ist.
Theologen behaupten eine Verwandtschaft, eine Analogie zwischen der Christologie und der Ekklesiologie. Das Verhältnis zwischen der göttlichen und der menschlichen Natur in Christus war lange Zeit in der Kirchengeschichte heftig umstritten. Auf dem Konzil von Chalkedon im Jahre 451 hat man sich auf die Formel „ungetrennt und unvermischt“ geeinigt. Gott und Mensch sind also in Jesus untrennbar miteinander verbunden und gehen doch nicht ineinander auf.
Dieses Formel kann als Orientierungshilfe für das Verhältnis zwischen der Kirche und der Welt herangezogen werden. Die Kirche darf sich von der Welt nicht trennen, das meint das „ungetrennt“. Ebenso wenig darf die Kirche in der „Welt“ anpasserisch aufgehen, was „unvermischt“ bedeutet. Von hier aus werden zwei Versuchungen deutlich, denen die Kirche stets erliegen kann, vor denen auch niemand in seiner persönlichen christlichen Existenz gefeit ist: die „Weltfremdheit“ sowie die „Verweltlichung“.
Könnte es nicht sein, daß die Grundversuchung der sogenannten „Fortschrittlichen“ die Verweltlichung ist: daß das Aggiornamento Johannes' XXIII. und des von ihm einberufenen Konzils zur Anpassung verkommt? Die Folgen wären tragisch, weil dann das Evangelium in einem schlechten Sinn

Der Bischof von Innsbruck, Reinhold Stecher, hat in einer Rede Traditionalisten und Progressisten so beschrieben:

„1. Der Traditionalist knüpft bei der Urangst des Menschen vor jedem Wandel des Vertrauten an und verkennt, daß der Mensch, auch der gläubige Mensch, ein weltoffenes Wesen ist und auch – der Wahrheit folgend – wandlungsbereit sein muß. – Der Progressist ist geneigt zu übersehen, daß der Mensch auch das Vertraute braucht und daß nur der Herr der Welt einmal sagen darf: Siehe, ich mache alles neu . . .

2. Der Traditionalist plädiert für eine etwas fragwürdige Sicherheit hinter den Festungsmauern der Autorität, der das Denken abgetreten wird, er neigt zur Indoktrination und vernachlässigt die Überzeugungsbildung. – Der Progressist gerät in die Versuchung, mit einem Übermaß an Kritik nur allgemeine Verunsicherung zu verbreiten.

3. Der Traditionalist schließt in der Kirche das Fenster, das Johannes XXIII. geöffnet hat, und macht sich auf Grund seines zu doktrinären Gehabes dialogunfähig. Seine Sprache schlägt keine Brücken mehr zu den Herzen der Menschen von heute. – Der Progressist reißt alle Türen und Fenster der Kirche so auf, daß es in allen Winkeln zieht und der Zeitgeist ungehemmt durch alle Räume bläst, und der schlichte Gläubige nicht mehr das Gefühl hat, im Haus der Herrn zu wohnen. Bei seiner Konfrontation mit der Welt vergißt er den Filter, den die Schrift vorschreibt: Prüft alles, das Gute behaltet . . .

4. Der Traditionalist wittert hinter jeder Begegnung

---

verweltlichen und einen „katastrophalen Mangel an Folgen“ (Johann B. Metz) erleiden würde.

Könnte es nicht sein, daß die Grundversuchung der sogenannten „Traditionalisten“ die Weltlosigkeit ist, genauer, die Absonderung von der heute vorfindbaren Welt? Sie flüchten dann entweder in eine weltlos-unpolitische Innerlichkeit oder aber in vergangene Gestalten der Welt: Lefebvre zieht es dann in die Gesellschaft Frankreichs vor der Französischen Revolution des Jahres 1789, ÖVP-Politiker in die Zeit der ungetrübten Ehe zwischen Kirche und ÖVP nach 1945.

mit anderen Religionen und Bekenntnissen ‚Verrat am Glauben'. Er ist geneigt, Vorurteile zu konservieren, auch das des christlichen Antisemitismus. Auch Irrtümer schmücken sich mit dem würdevollen Mantel der Tradition. – Der Progressist unterliegt oft der Versuchung, Unterschiede zu überspielen und einzuebnen, und läuft Gefahr, in einem oberflächlichen ‚Seid umschlungen, Millionen' das katholische Profil zu verlieren ...

5. Der Traditionalist erlaubt dem Heiligen Geist nur eine Windrichtung: Die von oben nach unten. – Der Progressist gestattet nur die umgekehrte. Er betrachtet das Lehramt nur als überflüssigen Blinddarm im mystischen Leib der Kirche, nicht als vom Herrn gewolltes Organ.

6. Der Traditionalist ist anfällig für Seitenfrömmigkeiten, Privatoffenbarungen und Drohbotschaften, die die zentrale Wahrheit des Christlichen verzerren und verdunkeln. – Beim Progressisten geraten an sich berechtigte Zeitprobleme (Frieden, Umwelt, Frau, Dritte Welt) derart in die Mitte, daß die Sache Christi in eine gesellschaftkritische Unternehmung auszuufern droht.

7. Der Traditionalist ist, wie die Vertreter dieses Typs zur Zeit Jesu, in der Versuchung, Religion nur noch in Gesetz und Moral umzugießen. Er kreist mit Vorliebe um Fragen der Sexualität und des Gehorsams. Er sieht alle in Todsünden. Das befreiende Geheimnis geht unter. – Dem Progressisten fällt es wiederum nicht schwer, eindeutige Forderungen und Härten der Botschaft Christi solange abzuschleifen, bis sie auch in einem permissiven Zeitalter nicht mehr anecken. Das Ethos wird auf das Betreiben gesellschaftlicher Veränderungen reduziert. Auch bei ihm schwindet das tröstende Geheimnis.

8. Der Traditionalist schaut mit nostalgisch-umflortem Blick in eine gute, alte Zeit, die es nie gab. – Der Progressist erträumt sich ein utopisches Morgen, das es nie geben wird. – Beide versäumen das Heute.

Natürlich habe ich in diesen Gegenüberstellungen etwas typisiert und überzeichnet, und rein sind diese Dinge selten ausgeprägt. Aber alle diese Erscheinungen gibt es in der Kirche des Jahres 1988".[41])

Trifft diese Diagnose zu, dann könnte auf ihrer Basis auch ein intelligenter Umgang zwischen den beiden Lagern der „konservativen Traditionalisten" und den „Progressisten verschiedener Art" gefunden werden. Beide könnten nämlich einander vor der eigenen Grundversuchung bewahren: Die Traditionsorientierten könnten den Situationszugewandten in Erinnerung halten, daß blanke Anpassung an die Welt dazu führt, die Hoffnungslosigkeit der Welt auf dem Boden der Kirche zu verdoppeln; Salz und Licht wäre die Kirche dann nicht mehr.

Die Situationsbedachten wiederum könnten den Traditionsorientierten Aufmerksamkeit für die Zeichen der Zeit vermitteln. Es wäre ein Weg „intelligenter Feindesliebe" auch zwischen den verfeindeten Gruppen in der Kirche, zugleich ein Weg, um die Arbeit der Kirche in unserem Land fruchtbarer zu gestalten.

Beide Lager müßten freilich lernen, mystischer zu werden. An der Beziehung der Kirche zur Welt allein liegt es nicht, wenn sie krankt. Die wahre Wurzel der Krise der Kirche ist ein notorisches Defizit an bibelgemäßer Mystik, an Gottesverwurzelung, ist ein weit verbreiteter, landläufiger ekklesialer Atheismus. Dieses Defizit, das sich in mangelndem Vertrauen auf Gott, in ängstlicher Sorge um die Zukunft der Kirche und in einem tragischen Mißtrauen gegenüber dem Geist Gottes in den vielen Kirchenmitgliedern äußert, könnte überwunden werden, wenn wir uns

[41]) R. Stecher, Bunt wie der Regenbogen. Für einen lebendigen Geist wider den Fundamentalismus, in: Academia 39(1988), 5-7. – Fragwürdig an dieser einfallsreichen Typologie ist allerdings, daß gesellschaftskritische Tätigkeit vorschnell mit unspirituell gleichgesetzt wird.

die eine Verheißung aus dem Buch Sacharja zu Herzen nähmen:

„Lauf und sag dem jungen Mann dort:
Jerusalem wird eine offene Stadt sein wegen der vielen Menschen und Tiere, die darin wohnen.
Ich selbst – Spruch des Herrn – werde für die Stadt ringsum eine Mauer von Feuer sein und in ihrem Innern ihr Ruhm und ihre Ehre.“

(Sach 2,8f.)

V

Paulus an die Gemeinden
in Wien
und anderswo . . .

Ich ermahne euch, Brüder und Schwestern
in Wien und anderswo,
beim Namen unseres Herrn Jesus Christus,
ihr sollt einerlei Rede führen alle!
Keine Parteiungen soll es unter euch geben,
vielmehr sollt ihr in demselben Sinne
und in derselben Geisteshaltung zusammenstehen.

Es ist mir nämlich, Brüder und Schwestern,
von Leuten über euch nuntiert worden,
daß es Streitigkeiten in eurer Mitte gibt,
will sagen:
von euch behauptet der eine dies, der andere das:
„Ich gehöre zu Lefebvre“ –
„Ich zum Papst“ –
„Ich zu König“ –
„Ich zu Krenn“ –
„Ich zu Christus“!

Ist denn Christus zerteilt?
sind etwa Lefebvre oder der Papst für euch gekreuzigt worden,
oder seid ihr auf König oder Krenn getauft?

Auch zu euch, Brüder und Schwestern, habe ich
zunächst nicht wie zu Geistigen reden können, sondern

wie zu irdisch Denkenden,
zu solchen, die in Christus
noch unmündig sind.
Milch gab ich euch zu trinken,
nicht feste Speise:
denn ihr konntet sie noch nicht ertragen.
Und nicht einmal jetzt könnt ihr es;
denn noch immer seid ihr dem Irdischen verhaftet:
sofern Eifersucht und Streit in eurer Mitte herrschen –
seid ihr da nicht ungeistig und wandelt nach
Menschenweise?

Wenn einer sagt: „Zu Groer gehöre ich!“ –
ein anderer: „Zu Kuntner und Krätzl!“ –
seid ihr da nicht menschlich?
Was sind denn der Papst, König und Groer, Kuntner
und Krenn?
Helfer, durch die ihr zum Glauben gekommen seid,
jeder, wie der Herr es ihm verlieh.

Ich habe gepflanzt,
die anderen haben gegossen,
Gott aber hat es wachsen lassen.
So ist weder der etwas, der pflanzt,
noch der begießt,
sondern nur, der es wachsen läßt, Gott!
Der pflanzt und der begießt, sind eins;
doch wird jeder seinen besondern Lohn empfangen
nach seiner besonderen Mühe.

Darum soll niemand Rühmens machen mit Menschen;
denn alles gehört euch,
sei es nun der Papst,
ein Kardinal oder ein Weihbischof,
sei es Welt oder Leben oder Tod,
sei es Gegenwärtiges oder Künftiges:

alles gehört euch,
ihr gehört Christus,
und Christus Gott!

(nach 1 Kor 1-3)

VI

Für winterliche Kirchentage

Der Umgang miteinander ist eine nicht gerade stark ausgeprägte Kunst. Wir haben es in unserer Kirche in den Aufbruchjahren nach dem Zweiten Vatikanischen Konzil nicht allzu nötig gehabt, schöpferisch und erwachsen mit einer Reihe von Personengruppen umzugehen: insbesondere nicht mit jenen Leuten, die zumeist mit den durchaus mißverständlichen Begriffen wie „Traditionalisten“, „Fundamentalisten“, „Dogmatisten“ oder auch „Fanatiker“ belegt werden. Wenig erfahren sind wir heute auch noch, was den Umgang und die Zusammenarbeit mit den neuen vor-gesetzten Bischöfen betrifft.

Die folgenden Regeln mögen zur Förderung dieser Kunst beitragen. Die Aufgeschlossenen, die Freiheitsverliebten und Lebenszugewandten werden von ihnen profitieren. Die Humorlosen und jene, die sich schwer tun, heiter-ernsthaft auch einmal um mehrere Ecken zu denken, überblättern besser dieses kleine Kapitel. Alle Regeln sind auf dem Boden einer von mir klar getroffenen Entscheidung gewachsen:

Ich gestatte es niemandem, mir meine Freude an der Kirche kaputtzumachen. Denn Gott ist es, der mich beruft, nicht ein Papst, ein Bischof oder ein Pfarrer.

Ich horche in mich hinein, warum „traditionalistische" Positionen und Aktionen mich gefühlsmäßig so sehr stören. Der Grund könnte (nicht nur, sondern auch) darin bestehen, daß ich traditionalistische Anteile in mir trage, zu ihnen aber noch kein versöhntes Verhältnis gefunden habe.

►

Ich versuche zu verstehen, daß die Sorge der Traditionalisten nicht nur der Wahrheit und dem Wohl der Kirche gilt, sondern sehr viel auch mit deren lebensgeschichtlichem Erbe zu tun hat. Es ist stets die Auseinandersetzung zwischen autoritätsgestützter Ordnung und lebensfroher Freiheit im Spiel. Traditionalisten sind lebensgeschichtlich dazu verurteilt, der Ordnung mehr als dem Leben zu trauen. Ich übersehe dabei nicht, wenn ich selbst freiheitsverliebt bin, daß diese meine Grundhaltung längst vor jedem Disput die Ordnungsbedürftigen bedroht. So rechne ich mit traditionalistischer Aggressivität, verstehe diese und trage sie den traditionalistischen Brüdern und Schwestern nicht nach.

►

Vor Angriffen aggressiver Traditionalisten werde ich mich notfalls mit juristischen Mitteln schützen. Diese erklärte Absicht verletzt die Liebe nicht, sondern bewahrt zugleich diese Schwestern und Brüder vor folgenschweren Mißgriffen.

▶

Mit „Traditionalisten“ fundamentalistischer und dogmatistischer Ausprägung kann ich nicht argumentieren: nicht über den Papst, nicht über die Wahrheit, nicht über die Kirche. Ich folge Augustinus, der sagte: „Amate scientiam, sed anteponite caritatem.“ (Liebt die Wissenschaft, aber zieht die Liebe vor!) Was möglich ist und möglich bleiben muß, ist die Einheit im gläubigen Handeln, in der Liturgie, im Bekenntnis, im Dienst der Liebe.

▶

Ich lasse mich durch den Versuch mancher Traditionalisten nicht beirren, daß nur sie der Kirche oder dem Papst (auf den sie, aber nur wenn und wo es ihnen paßt, die Kirche reduzieren) treu sind. Ebensowenig erliege ich ihrer Unterstellung, daß nur sie fromm sind und Maria verehren.

▶

Bei aller Kritik an den Traditionalisten bleiben diese für mich – wie ihr Gegenbild, die Progressisten – Brüder und Schwestern, mit denen ich im Haus der Kirche zusammenwohnen will.

▶

Ein Gutes an den Progressisten ist, daß sie der Kirche nicht mit Spaltung drohen. Gespalten wurde die Kirche in letzter Zeit von „rechts“.

▶

Warum es hier nicht auch Regeln für den Umgang mit „Progressisten" gibt? Aber auf wen in der Kirchenleitung könnten diese angewendet werden?

Vor-gesetzte

„Die Krise der Kirche ist eine Krise der Bischöfe" (Lefebvre, May): In welcher Richtung sollen wir diese Parole von Traditionalisten lesen?

▶

Ich lasse mich durch kein unkluges Wort oder keine fragwürdige Entscheidung eines vor-gesetzten Bischofs davon abbringen, ihm Ehrfurcht und Gehorsam zu zollen. Ihm notfalls „offen entgegenzutreten, weil er sich ins Unrecht gesetzt" (Gal 2,11)[42]) hat, ist Teil dieses kirchlichen Gehorsams.

---

[42]) Im Galaterbrief berichtet der Apostel Paulus davon, daß es Petrus – nach katholischem Verständnis der erste Papst – war, der sich ins Unrecht gesetzt hat. Dies wird heute gern vergessen gemacht, daß kirchliche Autorität im kirchenalltäglichen Normalfall nicht gefeit ist vor Irrtum und Unrecht. Die alte Lehre der Schultheologie muß in Erinnerung gebracht werden, daß kirchenamtliche Aussagen unterschiedliches Gewicht und daher auch unterschiedliche Verbindlichkeit haben. Ob etwas in der heiligen Schrift steht oder ein definierter Lehrsatz eines Konzils oder einer Regionalsynode ist, ob eine Aussage enthält, was allgemein in der Kirche geglaubt wird, oder ob es eine Übereinstimmung unter den Theologen gibt, hat für das Kirchenmitglied und seinen kirchlichen Gehorsam Folgen. Gehorsam heißt dabei immer: hinhorchen, prüfen, annehmen, wenn es das Gewissen zuläßt. Sünde aber

►

Dazu beizutragen, daß vor-gesetzte Bischöfe aus ihrer tragischen Isolation herausgelangen, ist für mich auch ein Akt meiner Liebe zur Kirche. Von ihnen wünsche ich mir, daß sie nicht Bischöfe ihres „Lagers“ bleiben und damit „Belagerungen“ begünstigen, sondern sich öffnen und tatsächlich Bischöfe für alle werden.

►

Es gefällt mir nicht, wenn sich über unbedachte oder mißverständliche Äußerungen von vor-gesetzten Bischöfen jene freuen, denen an der Kirche wenig liegt.

►

---

wäre es, etwas anzunehmen, dem das (gut informierte und verantwortlich prüfende) persönliche Gewissen entgegensteht. Denn „alles, was nicht aus Überzeugung geschieht, ist Sünde“ (Röm 14,23). Es gibt genug Beispiele aus der Kirchengeschichte, in denen nicht das Lehramt, sondern einzelne Kirchenmitglieder Recht behalten haben. Auch gibt es historische Belege dafür, daß die Kirche, ohne es selbst ausdrücklich zuzugeben, nach Jahrzehnten frühere Positionen neu formuliert hat. Das Dekret des II. Vatikanischen Konzils über die Religionsfreiheit steht – wie Alterzbischof Lefebvre unermüdlich betont (M. Lefebvre, Offener Brief an die ratlosen Katholiken, Wien 1986, 113-123. – G. May, Die Krise der Kirche ist eine Krise der Bischöfe, Köln 1987.) – tatsächlich nicht in ungebrochenem Einklang mit dem Syllabus des Jahres 1864. Dort hieß es auch, daß sich der Römische Pontifex nie mit der Demokratie anfreunden wird.

Sollte eine alte Volksweisheit nicht nur für uneheliche Kinder, sondern auch für unerwünschte Vor-gesetzte gelten: vorher „verhüten“, nachher lieben?

Konfliktregeln

Kränkung ist ein ebenso untaugliches Mittel für die gegenwärtigen innerkirchlichen Auseinandersetzungen wie beleidigte Kränkbarkeit.

►

Ich unterscheide, wie die alten Hochgebete, recht, billig und heilsam. Recht allein ist also zu wenig. Es kann, alleingelassen, der kirchlichen Gemeinschaft mehr schaden als nützen.

►

Schlecht steht es um die Kirche, wenn der Humor stirbt. Es geht dann nicht mehr Geist-voll her, sondern teuflisch. Humorlos ist es, Bischöfe für wichtiger zu halten als die Kirche und die Kirche für wichtiger als Gott. Philosophisch ausgedrückt: Die Theologen können das Lehramt nicht kritisieren. Denn ob das Lehramt Recht hat, kann nur das Lehramt auf Grund seines Lehramtes entscheiden.

Falsche Projektionen

wenn
die Bücher aufgetan werden

wenn sich herausstellen wird
daß sie niemals geführt worden sind:
weder gedankenprotokolle noch sündenregister
weder mikrofilme noch computerkarteien

wenn
die bücher aufgetan werden

und siehe! auf seite eins:
„habt ihr mich für einen
eckenspäher und schnüffler gehalten?“
und siehe! auf seite zwei:
„der große aufpasser
oder unbruder: eure erfindung!“
und siehe! auf seite drei:
„nicht eure sünden waren zu groß –
eure lebendigkeit war zu klein!“

wenn
die bücher aufgetan werden

(kurt marti)

VII

Unvermuteter Zugewinn

Wo Licht ist, dort findet sich auch Schatten. Druck erzeugt Gegendruck. So überrascht nicht, daß inmitten von Ereignissen, die bei vielen Trauer und Besorgnis auslösen, sich auch überraschende Ergebnisse eingestellt haben. Auch können auf der Folie der Ereignisse einige pastorale Aufgaben für die nächste Zeit genauer beschrieben werden.

Einsichten

Kritische Christen mußten einsehen lernen, daß ihr emotional aufgeladenes Engagement gegen unerwünschte Amtsträger ein hohes Maß an „Amtszentrierung" ihres eigenen Kirchenbildes sichtbar machte. Natürlich sind Bischöfe wichtig für das „Ansehen" der Kirche. Sie können ein Klima des Aufbruchs begünstigen, wie es viele Bischöfe nach dem Konzil getan haben. Ebenso können sie eine gefährliche „Wende" herbeiführen, die für viele in die Trauer, die Resignation und Emigration führt. Dennoch: Nur eine unhaltbare Theologie setzt Amt und Kirche gleich oder konstruiert ein Gegenüber von Amt und Kirche. Erstens gibt es Amt immer nur in der Kirche und nicht ohne sie. Zweitens ist es eine Frucht des tieferen Eindringens in die Wahrheit der Kirche, wenn das Konzil vor allen Unterschieden zwischen Amtsträgern und anderen Kirchenmitgliedern das Gemeinsame betont. Zum heiligen Volk, zum laós theou, gehören wir alle, und so gesehen sind auch Amtsträger „Laien".[43]) Praktisch heißt

[43]) „Hier geht es aber gerade darum, Kirche nicht als zusammengesetzt aus in sich stehenden Blöcken – hierarchische Amtsträger und Laien, Weltchristen und Ordenschristen – zu sehen, sondern die Unterscheidungen auf das Gemeinsame zurückzubeziehen und vom Gemeinsamen her zu lesen.
Die Ämter Christi, des Priesters, Propheten und Königs, sind auf die ganze Kirche, auf all ihre Glieder bezogen und werden je auf ihre Weise auch von allen Gliedern ergriffen und wahrgenommen (vgl. LG 10-13 und 34-36). Und so wie die kirchlichen Vollzuge von Communio und Missio wesenhaft miteinander verbunden sind und ständig ineinandergreifen, so erwächst auch aus der Teilhabe an den Ämtern Christi für alle ohne Ausnahme die Aufgabe, sowohl am Aufbau der Kirche wie auch an ihrer Sendung in die Welt mitzuwirken. Es gibt ‚kein Glied, das nicht Anteil an der Sendung des ganzen Leibes hätte' (PO 2). Alle sind – wie auch die ‚Lineamenta' Nr.20 im Anschluß an LG 33 ausdrücklich betonen – zur aktiven und verantwortlichen Beteiligung an der einen Heilssendung der Kirche aufgerufen'.
Das bedeutet konkret: im gemeinsamen Hören auf das Wort Gottes, im gegenseitigen Empfangen des Glaubensverständnisses, das der Hl.Geist in den Gläubigen wirkt, in der gemeinsamen Bezeugung und Weitergabe des Glaubens, im Miteinander der liturgischen Feier, in gemeinsamer Diakonie und gläubiger Weltgestaltung: überall steht die gemeinsam empfangene Gabe und Aufgabe vor allem noch so bedeutsamem Unterscheidendem.
Dies gerade heute wieder zu betonen, dürfte von nicht geringer Bedeutung sein. Denn hatten in unseren westeuropäischen Ländern nachkonziliare Entwicklungen, die das Besondere von geistlichem Amt und geistlicher Autorität zu nivellieren drohten, als Reaktion die pointierte Konturierung des geistlichen Amtes notwendig gemacht, so kann diese absolut legitime und von der Situation her geforderte Akzentsetzung in ihr Gegenteil umschlagen, wenn darüber die gemeinsame Basis in den Hintergrund oder gar aus dem Blickfeld gerät . . .
Darum ist auf der Linie des Konzils die gemeinsame Beru-

dies, daß die entscheidende Wirklichkeit der Kirche das Volk ist, in dem es, nicht von ihm abgeleitet, den Dienst des Amtes gibt. Kirche ist also mehr als das Amt. Und selbst wenn jemand mit einer Amtsperson nicht ganz glücklich sein mag, so darf sich dieses Gefühl nicht auf die Kirche übertragen. Wer dennoch den Ärger über Amtsträger auf die Kirche insgesamt ausweitet, fällt in „vorkonziliare Kirchenbilder" zurück. Übertriebene Abhängigkeit vom Amt, wie sie traditionalistische Kirchenmitglieder haben, ist daher ebenso wider das II. Vatikanische Konzil wie die ihr entsprechende Gegenabhängigkeit fortschrittlicher Kirchenmitglieder. Wer solchen Überlegungen entnimmt, es könne eine katholische Kirche ohne Amt geben, oder Amtsträger kämen durch demokratische Übereinkunft zustande, muß seine Unterstellung selbst verantworten.

Wo die Überbewertung von Amt und Autorität weicht, wird wahrer kirchlicher Gehorsam möglich. Dieser ist nicht blind und unterwürfig, er hat mit Schwäche nichts gemein, auch nicht mit Denk- und Redeverbot.[44]) Wahrer

---

fung aller neu ins Bewußtsein zu rufen sowie in Lehre und Praxis neu anzuerkennen. Es muß deutlich werden, daß erst auf dem Boden dieser gemeinsamen Berufung die qualitativ unterschiedenen Gnadengaben, die besonderenAufgaben und Dienste, darunter auch die des geistlichen Amtes erwachsen." Zu diesem Gemeinsamen gehört, daß auch die Amtsträger zunächst „Laien" sind, also – wie das Konzil kurz und bündig definiert – zu den Christgläubigen zählen, die durch die Taufe Christus einverleibt sind (LG 4): Der Laie in Kirche und Welt. Stellungnahme der deutschen Bischöfe zur Bischofssynode 1987, in: HK 40(1986), 323f. [323-331]

[44]) Neue Aktualität gewinnt angesichts der sich ausweitenden Diskussion über den kirchlichen Gehorsam ein Schreiben der deutschen Bischöfe an alle, die von der Kirche mit der Glaubensverkündigung beauftragt sind:
„17. An diesem Punkt ist ein schwieriges Problem nüchtern zu besprechen, das bei vielen Katholiken heute mehr als frü-

kirchlicher Gehorsam ist demütig. Demut ist aber eine

---

her entweder ihren Glauben oder ihr unbefangen vertrauensvolles Verhältnis zur kirchlichen Lehrautorität bedroht. Wir meinen die Tatsache, daß der kirchlichen Lehrautorität bei der Ausübung ihres Amtes Irrtümer unterlaufen können und unterlaufen sind. Daß so etwas möglich ist, hat die Kirche immer gewußt, in ihrer Theologie auch gesagt und Verhaltensregeln für eine solche Situation entwickelt. Diese Irrtumsmöglichkeit bezieht sich nicht auf solche Lehrsätze, die durch eine feierliche Definition des Papstes oder eines allgemeinen Konzils oder durch das ordentliche Lehramt als mit absoluter Glaubenszustimmung zu umfassen verkündigt werden . . .
18. Was einen Irrtum und eine Irrtumsmöglichkeit in nichtdefinierten Lehräußerungen der Kirche, die selbst wiederum von sehr verschiedenem Verpflichtungsgrad sein können, angeht, so ist zunächst einmal nüchtern und entschlossen zu sehen, daß das menschliche Leben schon ganz im allgemeinen immer auch ‚nach bestem Wissen und Gewissen' aus Erkenntnissen leben muß, die einerseits theoretisch als nicht absolut sicher erkannt werden und doch ‚hier und jetzt', weil vorläufig nicht überholbar, als gültige Normen des Denkens und Handelns zu respektieren sind. Jeder Mensch weiß das aus seinem konkreten Leben heraus; jeder Arzt in seiner Diagnose, jeder Staatsmann in seiner politischen Situationsbeurteilung und der darauf aufbauenden Entscheidung weiß um diese Tatsache. Auch die Kirche kann in ihrer Lehre und Praxis sich nicht immer und in jedem Fall vor das Dilemma stellen lassen, entweder eine letztverbindliche Lehrentscheidung zu fällen oder einfach zu schweigen und alles der beliebigen Meinung des einzelnen zu überlassen. Zur Wahrung der eigentlichen und letzten Glaubenssubstanz muß sie, selbst auf die Gefahr eines Irrtums im einzelnen hin, Lehrweisungen aussprechen, die einen bestimmten Verbindlichkeitsgrad haben und doch, weil keine Glaubensdefinition, eine gewisse Vorläufigkeit bis zur Möglichkeit eines Irrtums an sich tragen. Anders kann sie ihren Glaubens als bestimmende Wirklichkeit des Lebens gar nicht verkündigen, auslegen und auf die neue Situation des Menschen anwenden. In einem solchen Fall steht der einzelne Christ zunächst einmal der Kirche in einer analogen Weise gegenüber wie ein Mensch, der sich verpflichtet weiß, die Entscheidung des Fachmannes anzuneh-

Tugend, eine Tapferkeit. Es verlangt weniger Demut, op-

---

men, auch wenn er weiß, daß diese nicht unfehlbar ist.

19. Eine der vorläufigen kirchlichen Lehräußerung entgegengesetzte Meinung gehört auf jeden Fall nicht in die Predigt und in die Katechese, auch wenn die Gläubigen unter Umständen über das Wesen und die begrenzte Tragweite einer solchen vorläufigen Lehrentscheidung zu unterrichten sind. Darüber ist schon gesprochen worden. Wer glaubt, der privaten Meinung sein zu dürfen, die bessere künftige Einsicht der Kirche schon jetzt zu haben, der muß sich vor Gott und seinem Gewissen in nüchtern selbstkritischer Einschätzung fragen, ob er die nötige Weite und Tiefe theologischer Fachkenntnis habe, um in seiner privaten Theorie und Praxis von der augenblicklichen Lehre des kirchlichen Amtes abweichen zu dürfen. Ein solcher Fall ist grundsätzlich denkbar. Aber subjektive Überheblichkeit und voreilige Besserwisserei werden sich vor Gottes Gericht zu verantworten haben.

20. Ernsthafte Bemühung, auch eine vorläufige Lehräußerung der Kirche positiv zu würdigen und sich anzueignen, gehört zur richtigen Glaubenshaltung eines Katholiken. Und ebensowenig wie im profanen Leben, in dem es auch weitreichende Entscheidungen auf Grund fehlbarer Einsicht nach bestem Wissen und Gewissen anderer gibt, braucht sich niemand im kirchlichen Bereich beschämt und geschädigt zu empfinden, wenn er sich in seiner Einsicht auch dort der kirchlichen Lehre anvertraut, wo sie nicht von vornherein als definitiv gelten kann. Es ist möglich, daß die kirchliche Lehrentwicklung in bestimmten Fällen zu langsam voranschreitet. Aber auch in einem solchen Urteil muß man vorsichtig und bescheiden sein. Denn eine solche Lehrentwicklung braucht in einer Kirche von geschichtlichen Menschen Zeit, weil sie nicht schneller vor sich gehen kann, als es die Wahrung der Glaubenssubstanz ohne Verlust erlaubt.

21. Wir brauchen nicht zu befürchten, uns bei der beschriebenen kirchlichen Gesinnung dem Anspruch der Zeit zu entziehen. Die ernsthafte Fragestellung unserer Zeit, welcher wir aus dem Glauben antworten sollen, nötigt uns oft genug, die Glaubenswahrheiten neu zu überdenken. Dabei können durchaus Akzente neu gesetzt werden. Dies ist aber nicht Infragestellung des Glaubens; es dient vielmehr der tieferen Erfassung der göttlichen Offenbarungswahrheit und der kirchli-

portunistisch zu schweigen als ein von der Liebe durchwobenes Wort der Kritik zu sagen. Demut ist Mut zum Dienen. Demütiger Gehorsam dient der Kirche und dem Amt in ihr. Gehorsam besagt zudem, aufeinander hinzuhorchen, vor allem aber gemeinsam zu horchen, was Gott uns heute will. Die überlieferte spirituelle Weisheit lehrt, daß an diesem Suchen, was Gott uns heute will, alle beteiligt sind. Es ist nicht christlich zu meinen, den Willen Gottes könne das Amt allein erkennen. Es braucht gemeinsames Gebet, gemeinsames Fasten, gemeinsames Fragen. Natürlich kommt dann Amtsträgern in einer Gemeinschaft die wichtige Aufgabe zu sicherzustellen, daß die Frage nach Gottes Willen nicht verstummt. Amtsträger haben zum gegebenen Zeitpunkt ein verbindliches Wort zu sprechen, das zumindest vorläufig gilt, bis eine andere, tiefere Einsicht der alten Platz macht. Sie tragen auch wesentlich zur Unterscheidung der vielfältigen Geister in der Kirche bei. Doch wäre es fatal, würde in der Kirche nicht mehr auf jene hingehört, denen Gott seinen prophetischen Geist gegeben hat. Haben wir schon vergessen, wie es in der Predigt des Petrus zum ersten Pfingstfest unter Berufung auf den Propheten Joel hieß:

> „In den letzten Tagen wird es geschehen,
> so spricht Gott:
> Ich werde von meinem Geist ausgießen
> über alles Fleisch.

---

chen Lehre. Denn wir sind fest überzeugt, und wir sehen uns darin durch die Erfahrung bestätigt, daß wir um des katholischen Glaubens willen weder eine Wahrheit, noch um einer Wahrheit willen den katholischen Glauben zu verleugnen brauchen, wenn wir diesen nur im Geiste der Kirche verstehen und immer noch tiefer zu erfassen suchen.“ Schreiben vom 22.September 1967, dokumentiert in: J. Neuner u.a., Der Glaube der Kirche in den Urkunden der Lehrverkündigung, neubearbeitet von K. Rahner u.a., Regensburg [11]1971, Nr.468f.

Eure Söhne und Töchter werden Propheten sein,
eure jungen Männer werden Visionen haben,
und eure Alten werden Träume haben.
Auch über meine Knechte und Mägde
werde ich von meinem Geist ausgießen
in jenen Tagen, und sie werden Propheten sein."

(Apg 2,17f.; Joel 3,1-5)

Dazugelernt haben wir in den Ereignissen auch, daß sich ein zentralistischer Amtsstil selbst beschädigt. Der ortskirchliche Vertrauensschwund mancher Nuntiatur belegt diese Beobachtung. Dem Nuntius kommt kirchenrechtlich die Aufgabe zu, Brücken zu bauen zwischen Rom und den Ortskirchen. Er hat die – angesichts der erst kurzen Zeit gewachsener Eigenverantwortung der Ortskirchen – keineswegs leichte Aufgabe, Rom über die pastoralen Verhältnisse zu informieren. Recherchen über mögliche Bischofskandidaten zählen dazu. Dieses Amt der Nuntiaturen war auf dem Konzil umstritten; manche Ortsbischöfe haben es für überholt eingestuft und haben seine Auflösung beantragt. Sie haben sich nicht durchgesetzt, weil es gute Gründe gab, an ihnen festzuhalten. Insbesondere in kommunistischen Staaten, in denen Bischöfe ihr Amt nur unter Druck des Staates ausüben können, ist ein diplomatisch geschützter Nuntius wertvoll. Die Auseinandersetzungen um die Bischofsernennungen in der letzten Zeit haben aber das Institut der Nuntiaturen ins Zwielicht gebracht. Deutschsprachige Medien haben den Begriff der „Denunziatur" geprägt; von gezielter „Desinformationspolitik" war die Rede, ein Begriff, der politisch im Umkreis von Geheimdiensten verwendet wird. Aber die Kritik kam nicht nur aus medialen Kreisen, denen kirchliche Mißstände schon immer willkommener Anlaß zur Schadenfreude waren und die ihrerseits ja alles tun, um den Schaden nicht zu begrenzen, sondern zu vergrößern. Kritik an der Arbeit von Nuntiaturen wurde ebenso von Domkapiteln und Bischöfen geäußert. Ist es wirklich angemessen, wenn ein langjähriger und verdienter Ortsbischof vom Nuntius über zwei Jahre hinweg auf Briefe keine Antwort erhält, während in derselben Zeit Wirtschaftstreibende und Politiker aus seiner Diözese selbstverständlich von diesem empfangen werden? Ist es für das kirchliche Leben nicht schädlich, wenn dasselbe Priesterräten und Domkapiteln widerfährt? Wie kann eine Nuntiatur redlich informieren, wenn sie mit so wichtigen Personen und Gremien nicht einmal spricht? Wie kann vor allem der Papst ohne gediegene Informationen jene Entscheidungen mit gewissenhafter Verantwortung fällen, die die Ortskirchen betreffen? Rom wird gut beraten sein, für einen anderen Amtsstil und notfalls auch für neue Personen Sorge zu tragen, wenn Nuntiaturen handlungsfähig bleiben bzw. in manchen Kirchengebieten wieder werden sollen. Geschieht dies nicht, werden jene recht behalten, die in den Nuntiaturen lediglich ein zentralistisches Instrument gegen die Würde und Handlungsfähigkeit der Ortskirchen sehen.

Zum unvermuteten Zugewinn der turbulenten Ereignisse zählt auch, daß sich neben den kleinen extremen Flügeln eine breite Mitte gesammelt hat. So gibt es in Österreich neben den kämpferischen Kreisen um den „13." und um „Kirche intern" das für das Wohl der ganzen Kirche empfindsame Forum „Kirche ist Gemeinschaft". In diesem haben sich viele Katholiken, Frauen und Männer, Laien und Priester, zusammengetan, die auf dem Boden der Communio-Ekklesiologie des Konzils um Einheit und behutsamen Aufbruch besorgt sind. Ihnen liegt nicht an der Zuspitzung schwelender Konflikte, sondern am versöhnlichen Dialog, der kreative Konflikte nicht scheut, wenn er im Raum der Liebe stattfindet. Mit dem Wiener Erzbischof hat dieses Forum unentwegt den Dialog gesucht, den der Erzbischof, wenngleich zunächst zögernd, auch angenommen hat. Zwar versuchen Kreise, die den Erzbischof in ihrem Lager halten und damit verhindern wollen, daß er ein Bischof aller wird, diesen Dialog zu torpedieren. Aktivitäten und Aussagen eines seiner Weihbischöfe haben ihm seinen ehrlichen Versuch, schrittweise das Vertrauen möglichst vieler zu gewinnen, auch nicht erleichtert. Aber es ist seinem pastoralen Weitblick zu verdanken, daß er sich bislang von seinem Wollen, ein Bischof aller und nicht ein Bischof eines Lagers zu sein, nicht abbringen ließ. Wo ein Bischof nicht mehr in einem Lager steht, hören auch die Belagerungen auf. Vertrauen, das höchste Gut für wirksame Amtsführung, wächst.

Aufgaben

Erkennbar wurden in den letzten Ereignissen auch Aufgaben, die sich unseren Kirchen in der nächsten Zeit stellen werden.

Sichtbar wurde mit aller wünschenswerten Deutlichkeit, daß es unter den Kirchenmitgliedern nicht nur jene gibt, denen der Aufbruch nach dem Konzil für die Bewältigung ihres Lebens sehr hilfreich war. Unterschätzt wurden im Kirchenalltag die zwiespältigen Auswirkungen der modernen Lebensverhältnisse auf die Lebensführung freiheitsungeübter Katholiken. Die in den letzten Jahren gewachsene „neue Unübersichtlichkeit" macht auch Kirchenmitgliedern zu schaffen. Nicht wenige, die in ihrem Leben viel experimentiert haben, sehen in der Schließung der Offenheit einen Ausweg aus ihrem privaten Chaos. Wir haben auch entdeckt, daß der Weg der Erneuerung nicht immer klug angegangen wurde. Zu schnelles Lernen wurde Christen zugemutet. Manche, die ihre Leutereligion[45]) mehr an das bindet, was sie von ihren Vorfahren

[45]) P. M. Zulehner, Leutereligion, Wien 1981.

gelernt haben als an das Evangelium, sahen sich um das geprellt, was ihnen „heilig“ war. Das Gefühl der Beheimatung und der Geborgenheit ging manchen verloren. Gewiß, die biblische Religion will den Menschen so sehr in Gott beheimaten, daß er den Aufbruch wagen kann: Aber sind die Kirchenmitglieder über die landläufige Religion wirklich so in Gott zuhause, daß sie – um sich geborgen zu fühlen – nicht das menschliche Haus von Formen und Traditionen brauchen? Und haben die Verantwortlichen der pastoralen Erneuerung nach dem Konzil erfahrbar gemacht, daß die vertieften Formen des Glaubens, die das Konzil zugänglich gemacht hat, die Geborgenheit in Gott genauso erfahrbar machen? Wie konnte es beispielsweise dazu kommen, daß über Hand- oder Mundkommunion heftig gestritten wird, wo es doch um die Herzenskommunion mit Gott und deshalb untereinander geht? Solche unersprießlichen Streitigkeiten zeigen, auf welch fragwürdiger Ebene wir uns bewegt haben, ohne miteinander eine größere spirituelle Tiefe zu erreichen.[46])

Wie wird dieser erhoffte Weg in die Mitte und Tiefe des Glaubens künftig gelingen? Wie werden jene, die in der Religion weniger das Wagnis, sondern mehr die Sicherheit suchen, schrittweise „ins Weite herausgeführt werden“

---

[46]) Aus der Pfarrgemeinde N. im Salzburgischen wird erzählt, daß eine Urlauberfamilie aus Wien dort am Gottesdienst teilnahm. Zur Kommunion stellte sich der 17jährige Sohn an die Kommunionbank und streckte zum Empfang des Leibes Christi seine Hand aus. Der Dechant flüstert ihm diskret zu: „In N. Mundkommunion, niederknien!“ und geht weiter. Als er das zweite Mal vorbeikommt, steht der 17jährige immer noch dort. Wiederum der Dechant: „In N. Mundkommunion, niederknien!“ und geht weiter. Das dritte Mal dieselbe Szene. Der Dechant ist erbost und sagt für alle Umstehenden deutlich vernehmlich: „In N. Mundkommunion, niederknien!“ Darauf der Jugendliche: „Bei uns in Wien sagt man: Der Leib Christi!“

(Ps 18)? Die Schritte, die wir in den letzten zwanzig Jahren gemacht haben, waren offenbar vielen zu groß. Viele wollen ja auch gar nicht zurück, sondern vielmehr dort bleiben, wo sie waren und sind. Sie haben nichts gegen die Errungenschaften des Konzils, aber sie möchten keine weiteren Schritte. Mit ökologischer Klugheit fordern sie, den Acker der Kirche nicht unentwegt umzuackern, weil sonst die Saat nicht aufgehen kann.

Natürlich werden manche denken, daß künftig kirchliche Amtsträger für jene reden sollen, die selbst nicht mündig sind. Warum soll denen christliche Identität nicht zugewiesen werden, die selbst keine aufbauen können? Warum soll für jene die Offenheit nicht geschlossen werden, die mit ihr nicht leben können? Aber wäre dies nicht eine schlechte Lösung? Ist es wirklich Gottes Wille, daß der Mensch in seiner Entwicklung auf der Strecke bleibt und nicht zur wahren Freiheit der Söhne und Töchter Gottes gelangt?

Statt Unmündige durch fortwährende Bevormundung unmündig zu erhalten, gäbe es als Alternative auch eine Pastoral der behutsamen Entfaltung. Dabei sollten wir all jene Erkenntnisse berücksichtigen, die heute über das Lernen zur Verfügung stehen. Ohne Anschluß an Bekanntes und Vertrautes lernt niemand von uns gern und leicht. Lernen, Erneuerung wird daher vielfach nur Vertiefung, langsame Umwandlung, Entfaltung des im Kern schon Vorhandenen sein. Freilich: Fordert von uns das Evangelium nicht auch radikale Umkehr, tiefgreifende Veränderung? Wird uns nicht das Sterben des „alten Menschen" zugemutet? Zu sterben vermögen wir im Prozeß der Umkehr aber auch nur, wenn wir Gott vertrauen und hoffen, daß wir nicht umkommen, sondern von Gott zu einem neuen Menschen umerschaffen werden.

Die andere Aufgabe, die sich uns in der Kirche stellen wird, ist die Entwicklung einer neuen politischen Kultur für unsere Kirche. Die Kirche in das rechte politische Lager heimzuführen, erweist sich in Ansätzen bereits als Mißerfolg, für die Kirche ebenso wie in Österreich beispielsweise für die ÖVP. Was wäre ein besseres Zusammenspiel zwischen der Kirche und den verschiedenen politischen Bewegungen? Wie wird die Formel von der „freien Kirche im freien Staat" real gehandhabt werden? Durch politische Neutralität? Durch Äquidistanz, die Kardinal König nie empfohlen und auch nie geübt hat? Wie werden in der Kirche selbst Positionen zu gesellschaftspolitischen Fragen gewonnen? Die US-amerikanischen Bischöfe haben in ihren letzten Hirtenworten zum Frieden, zur Wirtschaft und zu den Frauen ein gutes Beispiel gegeben, wie eine breite Meinungsbildung zu wichtigen Fragen angezettelt werden kann. Die österreichischen Bischöfe haben sich in der Vorbereitung ihres Sozialhirtenbriefes für einen ähnlichen Weg entschieden. Es formiert sich aber schon der Widerstand nicht nur gegen Inhalte, sondern auch gegen die Methode. Dies ist ein Hinweis darauf, daß die Frage nach der politischen Kultur schon zu einem heißen innerkirchlichen Thema geworden ist.

VIII

Interview mit einem neuernannten Bischof

Presse[47]): Herr Bischof, wie bei der Ernennung einiger Bischöfe in Österreich in jüngster Zeit stößt in der Diözese auch Ihre Bestellung auf heftige Kritik und Widerspruch. Sie haben bestimmt gewußt, was Sie erwartet. Haben sie das Amt aus Gehorsam angenommen?

Bischof: Es fällt mir schon schwer, zu erklären, warum ich das Amt angenommen habe. Mit dem Wort Gehorsam kann ich Ihnen das am wenigsten einsichtig machen. Es wurde in jüngster Zeit mißbraucht. Darum scheue ich mich, das Wort Gehorsam zu gebrauchen, obwohl das, was dahinter steht, mir schon sehr wichtig ist. Ich habe ja hingehorcht auf den Wunsch des Papstes, habe aber noch mehr hingehorcht, was Gott mir will. Zu wenig bekannt ist mir, wieviele mich in der Diözese wünschen; leider hat dies die Befragung des Nuntius nicht ausreichend transparent gemacht. Es schmerzt mich gewiß, daß viele in der Diözese sich über mein Kommen nicht freuen. Aber eines verspreche ich: Weil mir der Papst das Vertrauen schenkt, weiß ich mich verantwortlich, ihm so bald wie möglich davon zu berichten, was ich mit eigenen Augen sehe und selbst erlebe. Sie können sicher sein, daß ich nichts beschönigen werde. Ich bin es ihm ja schuldig, wahrhaftig und ungeschminkt zu berichten, was ich selbst erlebe.

Presse: Herr Bischof, man sagt, Sie seien einer der neuen „Wendebischöfe“. Sie sollen eine Bastion aufbauen gegen

[47]) Dieses Interview könnte eine Tageszeitung mit einem designierten Bischof gemacht haben.

den sittlichen Niedergang in Kirche und Gesellschaft. Wie werden Sie dieser Erwartung gerecht werden? Was für eine Haltung werden Sie in moralischen Fragen, wie AIDS, Humanae vitae, Scheidung einnehmen?

Bischof: Ich verstehe gut, daß Sie mich auf einen Moralbischof festlegen möchten, der enge Ansichten vertritt. Ich sehe, daß sich heute Menschen mit ihrer sittlichen Verantwortung nicht leicht tun. Schmerzlich erlebe ich es, wenn die Ehen von einigen Bekannten scheitern und vor allem Kinder zwischen die geschiedenen Partner geraten. Ich weiß auch aus langen Gesprächen mit geschiedenen Frauen und Männern, daß viele von ihnen Schuldgefühle herumtragen, die sie fast krank machen. Bei Frauen, die aus Not abgetrieben haben, erlebe ich das ebenso. Längst habe ich auch entdeckt, daß es sich Leute mit ihrer Verantwortung für Kinder nicht leicht machen und daß die herkömmlichen Mittel für die Frauen nicht die beste Lösung sind. Am meisten leide ich aber mit einer befreundeten Familie, in der der Vater und auch Kinder HIV-positiv sind, und dies auf Grund der Fahrlässigkeit mancher Mediziner. Woran ich als Bischof mitarbeiten will, ist, daß wir Menschen lernen, all dieses Unglück einzudämmen, und daß alle, die schuldig geworden sind, sich bei uns dennoch sehen lassen können.

Presse: Geben Sie, Herr Bischof, damit aber nicht Sitte und Ordnung preis? Enttäuschen Sie damit nicht die vielen, die von Ihnen klare Weisungen erwartet haben, ja verlangen?

Bischof: Das Problem der Kirche ist nicht, daß die Menschen nicht wissen, was kirchliche Weisung ist. Die Leute haben weit mehr moralische Verantwortung, als wir ihnen zutrauen. Die Frage ist vielmehr, was wir alle von dem zusammenbringen, was wir leben möchten. Offenbar haben wir nicht ausreichend Kraft und noch zu wenig Freiheit, so zu leben, daß wir nicht schuldig werden und ins Unglück geraten. Aber ich sehe einen Weg: Wir müssen die Menschen wieder lehren, auf Gott selbst zu trauen. Nur in seinem Umkreis wird die Angst um uns selbst kleiner. Daraus erwächst uns die Kraft, behutsamer und aufmerksamer miteinander zu leben. Ich möchte mehr Glaubenskraft, oder wenn Sie wollen, mehr wahre Mystik, dann werden die Menschen auch anders leben können. Und ich möchte mehr gläubige Gemeinschaften, die einander auf dem Weg eines verantwortlichen Lebens unterstützen. Gebote und Verbote allein machen uns nicht besser. Ohne gläubige Mystik verkommt das Evangelium zu einer seelenlosen Moral. Wichtig ist also für die nächste Zeit nicht eine Neumoralisierung, sondern eine Neuevangelisierung. Ich möchte, daß die Menschen wieder Gott mehr zutrauen und neu anfangen zu glauben, daß er sie wirklich liebt. Und dies auch dann, wenn sie mit ihrem Leben nicht sehr erfolgreich und gut vorankommen.

Presse: Sie werden also den Menschen nicht ins Gewissen reden und ihnen sagen, was sie als Katholiken zu tun haben und was zu lassen?

Bischof: Weil mir an den Menschen liegt, ist es mir gewiß nicht gleichgültig, wie sie mit ihrem Leben zurechtkommen. Gerade jene, die sich schwertun, liegen mir sehr am Herzen. Aber ist denen, die sich schwer tun, damit gedient, daß wir ihnen in der Seelsorge zusätzlich weitere Lasten auferlegen, sie anklagen, ihr schlechtes Gewissen mehren? Natürlich werden wir den Menschen behilflich sein, daß sie gewissenhaft leben, also ihr Gewissen innerhalb der Gemeinschaft der Kirche gut bilden. Aber in vielen seelsorglichen Einzelfragen geht es ja weniger um die großen Prinzipien, sondern um das, was hier und jetzt die Leute als nächsten kleinen Schritt zusammenbringen. Dazu werde ich viel mit den Betroffenen sprechen, werde zuhören und selbst Fragen stellen. Vor allem mit den vielen erfahrenen Seelsorgerinnen und Seelsorgern werde ich in den nächsten Monaten Gespräche führen. Ich glaube ja fest, daß die Diözese mit mir nicht anfängt, sondern daß Gott mit ihr schon eine sehr lange und gute Geschichte hat. Deshalb will ich sehr behutsam mit all dem umgehen, was Gott vor mir in dieser Ortskirche hat wachsen lassen. Wenn ich dies alles kennengelernt habe, wird es immer noch genug anstehende Fragen geben, wo ich ein maßgebliches Wort sagen muß. Sie brauchen keine Angst zu haben, ich werde meine Leitungsaufgabe nicht verweigern. Ich werde es uns nicht bequem machen. Zu tun ist viel, um den Menschen wahre Unterstützung in ihrem Leben zu geben. Dazu brauchen wir vor allem Pfarrgemeinden in unserer Diözese, die lebendig bleiben, oder, wo es nötig ist, lebendiger werden.

Presse: Sie waren vor Ihrer Ernennung in der als konservativ bekannten Vereinigung Pro Occidente führend tätig. Wird sich dies auf ihre Amtsführung auswirken?

Bischof: Ich will in dieser Hinsicht von guten Politikern lernen. Der deutsche Bundespräsident ist beispielsweise aus der CDU ausgetreten, um sein Amt für alle ausüben zu können. Ich werde deshalb auch meine Vereinigung verlassen. Außerdem nütze ich nunmehr die Chance, über den begrenzten Horizont meiner Vereinigung hinauszuschauen. Dabei werde ich bestimmt auch für mich persönlich neue Perspektiven dazugewinnen. Es ist ja nicht dasselbe, als Kirchenmitglied eine bestimmte Position in der Kirche zu vertreten, die durchaus in vieler Hinsicht gut sein mag, oder das Amt eines Bischofs auszuüben. Sie können sich darauf verlassen, ich werde Bischof für alle, und nicht für eine kleine Gruppe sein.

Presse: Wie stehen Sie, Herr Bischof, denn zu den Frauen in der Kirche?

Bischof: Die Frauen sind ja in unserer Kirche erfreulich engagiert. Was mir dagegen Sorge macht, sind heute mehr wir Männer. Unsere Lage ist ja auch gesellschaftlich schwieriger geworden. Bei vielen von uns Männern sind im Laufe unseres Lebens wichtige Fähigkeiten unentwikkelt geblieben. Ich kann nicht weinen, obwohl mir manchmal zum Heulen ist. Ich bin weit wehleidiger als viele Frauen, die ich kenne. Es gefällt mir auch nicht, daß wir Männer so leicht zu Machtspielen neigen. Dazu bedienen wir uns häufig der Geheimniskrämerei und des Hintenherums. Auch fällt es mir schwer, als Mann zu dienen. Manchmal denke ich, daß Frauen für kirchliche Ämter deshalb besser tauglich wären, weil sie auch viel mehr bereit sind zu dienen. Wenn ich jetzt versuche, ein Bischof nach dem Herzen Jesu und in der dienenden Art Marias zu werden, dann reichen jene Eigenschaften nicht aus, die bei uns Männern heute gut entwickelt sind. Ich werde lernen müssen, jenen die Füße zu waschen, die schlecht bei Fuß sind (Joh 13). An den Tischen der Kirche soll ich wie ein „Ober" sein (Lk 22, 24-27). Und wenn ich gesinnt bin wie Jesus Christus, was ich sein möchte als Bischof, dann mutet er mir zu, wie ein „Galeerensklave" im Schiff der Kirche zu sein und fest zu rudern, damit das Kirchenschiff in Fahrt kommt und auf einem guten Kurs bleibt (Phil 2,5-11), vor allem also nicht an jenen vorüberfährt, die unsere Kirche brauchen. Und Hirte soll ich sein (Ez 34; Joh 10), nicht weil die Schafe dumm und zum Scheren da sind, sondern weil Gott selbst Hirte seiner Herde ist und sein Volk auf gute Weiden führen und mit seinem festen Stab vor Feinden schützen will. Ob ich mit Gottes und Eurer Hilfe ein solcher Bischof werden kann?

IX

Wider das Jona-Syndrom

Wir waren davon ausgegangen, daß es bei vielen Kirchenmitgliedern Trauer, Resignation und die Versuchung zur Emigration nach innen oder nach draußen gibt. Wir haben die Hintergründe ausgeleuchtet, aus denen diese dämonischen Geister aufgetaucht sind. Zu viele von uns sind in Gefahr, der Versuchung zum lautlosen Auszug nachzugeben.

In dieser Situation fordere ich zum Widerstand auf: Gewiß auch zum Widerstand gegen unerfreuliche Entwicklungen. Genauso fordere ich auf zum Widerstand gegen den Auszug, zum Widerstand gegen das Jona-Syndrom. Zwar verstehe ich die Versuchung wegzugehen. Doch unterstütze ich sie nicht, sondern kämpfe gegen sie.

Wären wir, gingen wir weg, nicht vor Gott selbst auf der Flucht? Gewiß, viele meinen, sie würden sich ja lediglich vor einer unwillkommenen Kirchenleitung zurückziehen, aber nicht vor Gott. Aber geht dies so einfach? Haben auch wir noch nicht begriffen, daß sich die Kirche nicht in ihrer Leitung erschöpft? Haben wir wirklich noch nicht mehr von unserer Kirchenberufung verstanden?

Dies ist meine gläubige Überzeugung: Nicht wir schaffen die Kirche, die für die Menschen wie die Leier in der Hand des Christus-Orpheus das Lied des Lachens, der Hoffnung und der Auferstehung erklingen läßt (Clemens von Alexandrien). Gott ist es, der sein Volk schafft (Ps 127). Er tut dies, indem er Menschen beruft, sie seinem Volk „hinzufügt" (Apg 2,47). Es sind immer einmalige und unvertretbare Frauen und Männer, junge und alte, die er beansprucht, damit sein Volk an Ort und Stelle lebt und handeln kann. Und allen, die er beruft, schenkt er Fähigkeiten, die die Kirche reich machen, die der wahre Kirchenschatz sind. Mehr als in für die Kirche günstigen Zeiten wird es morgen darauf ankommen, daß immer mehr Menschen ihre unvertretbare, von Gottes Geist gegebene und daher „geistliche“ Kirchenberufung erkennen, annehmen und zum Wohl der Kirche ausspielen.

So kommen wir nicht umhin, uns die folgenden Fragen zu stellen:[48])

– Habe ich – vor Gott stehend – schon gefragt, was er nicht nur von mir, sondern mir will, damit seine Kirche lebt und handeln kann?

►

– Habe ich mein Adsum, Herr, da bin ich, schon gesprochen und damit meine Taufe persönlich eingeholt?

►

– Habe ich mich schon umgesehen, welche Fähigkeiten (Charismen) Gott mir zugunsten seiner Kirche gegeben hat?

►

[48]) Vgl. dazu: P. M. Zulehner, J. Fischer, M. Huber, Sie werden mein Volk sein. Grundkurs gemeindlichen Glaubens, Düsseldorf [4]1988.

– Was tue ich, um eigenverantwortlich diese meine Begabungen zu entfalten?

▶

– Wie plaziere ich meine Begabungen in der konkreten Kirche an Ort und Stelle: nicht in einer Wunschkirche, sondern in der ganz konkreten, also mit den Personen, die wir uns nicht aussuchen können?

Wer sich diese Fragen einmal gestellt hat und aus den spirituellen Tiefen seines Herzens sein „Adsum“ – jenes „Hier bin ich“, wie es die Kandidaten bei der Priesterweihe sprechen, wie es aber jeder „Berufene“, jeder Christ sprechen sollte – zum wahren Herrn der Kirche gesprochen hat, wird nicht flüchtig. Solche Kirchenmitglieder trauern zwar, klagen im kleinen Kreis und öffentlich, leisten als Christen mutig jenen Entwicklungen Widerstand, die sie nicht gutheißen können; sie verspüren die Versuchung zu Resignation und Emigration, wissen um ihre Schwäche, daß sie aus eigener Kraft der Versuchung nicht würden standhalten können: Aber sie vertrauen fest darauf, daß sie mit Gottes Kraft und Gnade bleiben werden. Sie hoffen, daß Gott sie aus ihren Emigrationsverstecken herausholen wird wie Jona aus dem Bauch des Walfisches, und daß der Ruf Gottes selbst nach der Flucht neuerlich an sie ergehen wird, weil unser Gott ein unbeirrbar treuer Gott ist (Dtn 32,6) und keinen aus seinem prophetischen Amt entläßt, den er einmal bei seinem Namen gerufen hat.

Ich traue Gott nicht zuletzt deshalb zu, daß er mit uns Flüchtern so umgehen wird, weil ihm nicht nur an Jona, sondern ebenso an „Ninive, der großen Stadt, in der mehr als hundertzwanzigtausend Menschen leben, die nicht einmal rechts und links unterscheiden können – und außerdem so viel Vieh“ (Jona 4,11) liegt. Um der vielen Menschen in der Gesellschaft willen wird uns Gott an der Flucht hindern, und, so hoffe ich, auch böse Kirchenentwicklungen zum Guten wenden.[49])

[49]) Könnte beispielsweise nicht ein Bischof im deutschsprachigen Raum recht behalten, wenn er auf die Frage, was Gott mit der gegenwärtigen Kirchenentwicklung im Sinn haben könne, meinte, daß der römische Zentralismus, unter dem viele Ortskirchen heute nachweislich leiden, sich deshalb so aufbläht, ja noch mehr zunehmen muß, damit er eines baldigen Tages in sich zusammenbricht, wodurch Gott die römische Kirche in überraschender Weise ökumenefähig machen wird?

X

Christenmut

Widerstand gegen Resignation und Emigration ist aber nur die eine Seite, die aus der unvertretbaren Kirchenberufung erwächst. Widerstand gegen schädliche Kirchenentwicklung ist die andere Seite. Das Kirchenrecht kennt das Recht und die Pflicht von Gläubigen, ihre Meinung zu dem, was das Wohl der Kirche angeht, den geistlichen Hirten mitzuteilen und den übrigen Gläubigen kundzutun (CIC, c212 3).

Solcher Widerstand fällt gerade uns Christen nicht leicht. Er erfordert Christenmut[50]), eine Tugend, die wir in unserer Kirchenzeit dringender denn je brauchen. Folgende Überlegungen können zur Entwicklung von Christenmut beitragen:

– Christenmut ist eine Tugend, eine Tauglichkeit. Wie alle Tugenden muß man Christenmut lernen.

– Wer Christenmut hat, kämpft nicht gegen andere, sondern für seine Überzeugung. Konkret besteht diese Überzeugung in einer Vision von der Kirche, die für möglichst viele bewohnbar und – weil in der biblischen Tradition begründet – annehmbar ist. Es ist die Vision von einer Kirche, mit der Gott in der Geschichte unterwegs ist und die durch seine Nähe ermächtigt ist zu einem geschwisterlicher Miteinander und zu einem dienenden Füreinander. Mystik,

[50]) Dazu: K. Singer, Zivilcourage als Chance zur Veränderung unserer bedrohten Welt, in: Wovon wir leben – woran wir sterben, hg.v.H. Rothbucher und F. Wurst, Salzburg 1988, 92-109. – P. M.Zulehner u.a., Fundamentalpastoral. Kirche zwischen Erwartung und Auftrag, Düsseldorf 1989, 3.Teil.

Geschwisterlichkeit und Politik sind Bausteine einer heute viele bewegenden Kirchenvision.[51])

– Wer Christenmut lernen will, muß sich darauf besinnen, was diesem entgegensteht: z.B.eine in unserer Kindheit erlernte falsche Gehorsamsbereitschaft. Wir passen uns (oftmals opportunistisch) an, um die Liebe der „Väter“ und „Mütter“ nicht zu verlieren. Wer Christenmut lernt, wird freier.

– Christenmut hat mehr Chancen, wenn sich gleichgesinnte Minderheiten solidarisieren. Dennoch: Keine Gruppe kann die letzten Ängste des einzelnen Menschen aufheben. Es braucht daher die Fähigkeit, Einsamkeit auszuhalten. Für dieses Moment des Christenmuts sind spirituelle Ressourcen unverzichtbar. Der Christ wird mutig aus der unverbrüchlichen Auferweckungshoffnung; diese macht ihn (kirchen-)politisch weniger erpreßbar.

– Wer aus Christenmut Widerstand leistet, muß mit der „Rückwelle“ derer rechnen, die in ihren Vorteilen bedroht sind. Zu fragen ist dann: Was kann ich jetzt aushalten? Was ist mir und meinen Angehörigen zumutbar? Das jeweils persönliche Maß ist zu finden. Auch in einer Solidaritätsgruppe bestimmt der einzelne, wie weit er mitgehen kann.

– Christenmutige handeln gewaltlos. Denn Gewalt mindert nicht nur Ungerechtigkeit nicht, sondern schafft immer auch neue. Gewaltlose ändern ihr Bewußtsein und ihr Handeln. Gewaltloses Handeln ist alles andere als In-Ruhe-gelassen-Werden, Sich-heraushalten, Schweigen.[52])

---

[51]) P. M.Zulehner, Das Gottesgerücht. Bausteine für eine Kirche der Zukunft, Düsseldorf [5]1988.

[52]) Als gewaltlose Aktionen gelten:

– der Dialog, in dem die Wahrheit des Gegners erkundet, die eigene Mitschuld am Unrecht aufgedeckt, die Wahrheit über das Unrecht bezeugt und konstruktive Vorschläge zur Eindämmung des Unrechts gemacht werden;

– die direkte Aktion, durch die der Dialog in die breite Öffentlichkeit verlagert wird; Formen sind: „Kundgebungen durch Massenmedien (Radio, Fernsehen, Presse – in demokratischen Staaten begrenzt möglich), Flugblätter, Wandzei-

– Christenmut hat, wer nichts mehr werden muß oder will.

– Ein Element des Christenmuts ist die Höflichkeit. Es gilt, dem anderen die unbequeme Wahrheit so hinzuhalten, daß er in diese wie in einen Mantel hineinschlüpfen kann (Max Frisch).

---

tungen, Demonstrationen, Schweigemärsche, Mahnwachen, Transparente, Straßentheater; die Bürgerrechtsbewegung in den USA entwickelte Sit-ins und Walk-ins (das gemeinsame Betreten von Lokalen, die der Rassentrennung unterworfen sind, durch Schwarze und Weiße); in Lateinamerika werden verschiedene Formen der Darstellung der Problematik durch Gesten und Handlungen der betroffenen Bauern und Arbeiter im Kampf um Land, Wasser, Schulen, Straßen und so fort angewandt."
– Ziviler Ungehorsam und Verweigerung der Kooperation in der Form von Streiks, Boykotts, Fasten usw. mit dem Ziel, die Handlungsfähigkeit des Unrechtssystems zu lähmen;
– Entwicklung konstruktiver Programme beispielsweise durch Modelle (z.B.für soziale Verteidigung).
Dazu: H. Goss-Mayr, Der Mensch vor dem Unrecht. Spiritualität und Praxis gewaltloser Befreiung, hg.v.d.KSÖ, Wien 1976.

XI

Vision statt Resignation

Die einzige wirksame Gegenkraft gegen Resignation ist die Vision. Für den Christen ist sie der Traum Gottes von seiner Kirche: daß Spuren des Reiches Gottes unter uns Menschen wirklich werden. Gibt es in unserer Kirche, haben wir selbst ausreichenden Visionsvorrat?

Könnte es nicht sein, daß ein Wort aus dem Buch Samuel für unsere Kirche zutrifft:

> „In jenen Tagen waren Worte des Herrn selten,
> Visionen waren nicht häufig.
> Eines Tages geschah es:
> Eli schlief auf seinem Platz.
> Seine Augen waren blind geworden,
> und er konnte nicht mehr sehen."
>
> (1 Sam 3,1f.)

Sind wir nicht wie Eli? Wir schlafen, blindgeworden, auf unserem Platz. Freilich, Eli hielt selbst in diesem Zustand auf seinem Platz aus. So konnte er dem noch gottunerfahrenen Samuel ausdeuten, daß es der Herr ist, der ihn ruft.

Was wir selbst für unser Leben und Wirken in unserer Kirche zumal in den Tagen der Trauer, der Resignation und der Versuchung zur Emigration brauchen, ist eine Kirchenvision, die uns trägt und bewegt. Zugleich wird eine solche Vision wie ein Kirchenspiegel für uns sein. Sie hilft uns, unser Gewissen zu erforschen.

Die profane Organisationsberatung[53]) läßt keinen Zweifel

---

[53]) W. Bennis u.a., Führungskräfte. Die vier Schlüsselstrategien erfolgreichen Führens, Frankfurt ^{3}1987, 86-105.

daran: Eine Organisation ohne Vision ist ohne Zukunft. Gerät eine Organisation in Krise, dann hat dies zumeist mit dem Verlust einer bewegenden Vision zu tun. Die Folge ist, daß die Auflösung der Organisation verwaltet wird, was immer noch hohe Aktivität hervorruft. Aber ein zuversichtlicher Aufbruch in die Zukunft „droht" nicht.

Die Funktionen einer Vision

Visionen erfüllen in Organisationen mehrfache Aufgaben. Zumal in komplexen Zeiten wie den unseren, die durch Unübersichtlichkeit gekennzeichnet sind, haben Organisationen stets mehrere mögliche „Zukünfte" vor sich. Diese kann man sich in Szenarien ausmalen und so anschaulich machen. Dabei zeigt sich, daß die vielfältigen „Zukünfte" nicht in gleicher Weise auch wünschenswert sind, es gibt erstrebenswerte und zu vermeidende. Eine erste Aufgabe von Visionen ist es, zwischen unerwünschten und wünschenswerten „Zukünften" unterscheiden zu lernen. Diese Unterscheidung berührt unmittelbar das, was heute in einer Organisation geschieht. Denn in der Gegenwart werden die Weichen für die Zukunft gestellt.

Die Vision weist aber nicht nur den Weg in eine wünschenswerte Zukunft, sondern gibt auch den verbindlichen Maßstab ab, ob die gegenwärtige Entwicklung auf diese hinführt. Anders ausgedrückt: Die Vision trägt kritische Kraft in sich. Kritik erklärt sich dabei vom griechischen krinein = unterscheiden. Kritik macht erkennbar, welche Wege nicht zukunftsträchtig sind. Organisationen, die keine Zukunft haben, entbehren daher nicht nur der Visionen, sondern auch einer entsprechenden Kritik. Auch der Mangel an Kritik in einer Organisation ist somit Hinweis auf ihre Zukunftsschwäche.

Die dritte Funktion einer Vision ist, daß sie einen „Vorwärtsdrang“ auslöst. Sie „mobilisiert die emotionalen und geistigen Ressourcen der Organisation, ihre Werte, ihr Engagement und ihren Erwartungshorizont“[54]). Damit eine Vision dieses zu bewirken vermag, muß sie allerdings eine „bewohnbare Vision“ sein: Die Mitglieder der Organisation müssen sich sehr anschaulich vorstellen können, welchen Platz sie in der erwünschten Zukunft einnehmen möchten. Dann und erst dann werden sie persönliche Ressourcen (Zeit, Phantasie, Energie, Geld etc.) freizusetzen bereit sein, um die erwünschte Zukunft der Organisation herbeizuführen.

Wer in einer Organisation solche Visionen hat, wer die Aufmerksamkeit der Mitglieder auf sie ziehen kann, wer sie durch geeignete Kommunikation also bis in die letzten Winkel der Organisation gegenwärtig setzt, übt Führung aus. Von solcher Führung zu unterscheiden ist Management, Verwaltung des Bestandes. Die Organisationskunde bezieht diesbezüglich klare Positionen: „Das Problem vieler Organisationen – insbesondere jener, die scheitern – besteht darin, daß sie zuviel verwaltet und zuwenig geführt werden. Die tägliche Routine mag bei ihnen wie am Schnürchen ablaufen, doch stellen sie nie in Frage, ob diese Routine überhaupt sinnvoll ist. Es besteht ein profunder Unterschied zwischen Management und Führung; beides ist wichtig. Managen bedeutet bewirken, herbeiführen, die Leitung oder Verantwortung übernehmen. Führen heißt beeinflussen, die Richtung und den Kurs bestimmen, Handlungen und Meinungen steuern. Die Unterscheidung ist wesentlich. *Manager machen die Dinge richtig, Führende tun die richtigen Dinge.* Der Unterschied drückt sich einerseits in Aufgaben aus, die Zukunftsperspektiven und Urteil erfordern, sprich *Effektivität,* andererseits in Tätigkeiten, bei denen es darum geht, Routine-

[54]) AaO., 90.

abläufe zu beherrschen, sprich *Effizienz.*"[55]) Führung kann in diesem Kontext knapp definiert werden als *Diffusion von Vision* in einer Organisation. Organisationen, die in Krise sind, leiden an einem Mangel an „visionsorientierter" Führung bzw. am Mangel einer Führung, die selbst an Visionsmangel krankt.

Eine bewohnbare Kirchenvision

Aus all diesen Überlegungen wird klar, daß eine überlebensfähige Organisation einen hohen Visionsbedarf und den Bedarf nach einer visionsorientierten Führung hat. Die Kirche macht da keine Ausnahme. Auch sie hat Zukunft, wenn sie von einer Vision getragen wird. Dieser Satz ist keineswegs a-theistisch und liefert nicht die Zukunft der Kirche den Klugen dieser Welt aus. Vielmehr ist es das Herzstück einer traditionsgestützten Kirchenvision, daß Gott selbst der Bauherr der Kirche ist. Die Bauleute bauen vergeblich, wenn der Herr nicht das Haus baut (Ps 127). Nach einer die Kirche heute bewegenden Vision zu fragen, ist somit identisch mit der Frage, was Gott mit seinem Kirchenvolk heute im Sinn hat, damit die Menschen Hoffnung und Zukunft haben (Jer 29,11). Anders: Wer nach einer bewegenden Kirchenvision aus ist, fragt nicht: Wie geht es mit unserer Kirche weiter?, sondern: Wie geht Er, unser Gott, mit seinem Volk weiter? Was sind seine Ansprüche und Optionen für uns, sein Volk?

Zuwege zur Kirchenvision

Die Antwort auf diese Grundfrage nach der Berufung der Kirche von heute läßt sich finden, wenn wir zwei Texte ineinander lesen: die alten Gründungstexte der Bibel, die in

[55]) AaO., 28f.

unverbrauchter Weise Gottes reuelose Absichten enthalten, sowie den Text heutigen Lebens. In vorbildlicher Weise hat das II. Vatikanische Konzil in seinen Hauptdekreten eine solche Kirchenvision für den „heutigen Tag“ (aggiornamento bedeutet Verheutigung, nicht Anpassung) formuliert. Diese Vatikanische Kirchenvision geht davon aus, daß Gott kein desinteressierter Weltbaumeister ist, der sich seit den Tagen der Schöpfung aus der Geschichte heraushält. Er ist vielmehr „Immanuel“, Gott mit uns (Mt 1,23). Er ist der Gott der Geschichte, was bedeutet, daß wir aus der Geschichte, wie sie stattfindet, etwas über Gottes Absicht mit der Schöpfung heute erfahren. Es gilt, Gottes Spuren auch in der Geschichte aufzuspüren. „Freude und Hoffnung, Trauer und Angst der Menschen von heute, besonders der Armen und Bedrängten aller Art“,[56]) werden so zur Lesehilfe für Gottes Absichten mit unserer Kirche in einer immer mehr einswerdenden Welt.[57]) Auf den folgenden Seiten skizziere ich knapp und verdichtet[58]) Bausteine für eine viele bewegende Kirchenvision.

Das Gerücht von Gott wachhalten

Dies ist das erste und zentrale Element einer bewohnbaren Kirchenvision: Es ist die Mystik, die als Gottesverwurzelung übersetzt werden soll. Wenn heute ein Christ – nach alter rabbinischer Tradition in der kurzen Zeit, auf der er es vermag, auf einem einzigen Bein zu stehen – sagen sollte, was die unverzichtbare Berufung der Kirche ist,

[56]) Gaudium et spes 1.

[57]) Lateinamerikanischer Bischofsrat, Jugend, Kirche und Veränderung, hg.v.Adveniat, Dokumente 30, Bogota 1985.

[58]) Ausführlicher: P. M.Zulehner, Das Gottesgerücht. Bausteine für eine Kirche der Zukunft, Düsseldorf [5]1988.

dann könnte er sagen: Zugunsten der Menschen das Gerücht von Gott wachzuhalten, oder ein wenig anders formuliert: das Gerücht von einem Gott der Menschen wachzuhalten.

Gerücht meint hier – wie im Althochdeutschen – das Herausgerufene, das Herausgeschrieene. Das althochdeutsche „geruafte“ besagt, daß der, welcher etwas herausschreit, in Not und Todesgefahr ist. Das Gerücht von Gott ist somit ein „soteriologisches Wort“, ein Rettungswort. Gott für jene Menschen in Erinnerung zu halten, die in Not und Todesgefahr sind und nach Rettung schreien.

Ein alttestamentlicher Volk-Gottes-Text unterstützt uns, wenn wir die Grundberufung der Kirche mit der Formel „Das Gerücht von Gott wachhalten“ einfangen. Dem Restvolk Juda wird vom Propheten Sacharja um das Jahr 520 in einer hoffnungsarmen Zeit Israels folgendes Hoffnungswort von Jahwe mitgeteilt:

„In jenen Tagen
werden zehn Männer
aus Völkern aller Sprachen
einen Mann aus Juda
am Gewand fassen,
ihn festhalten
und sagen:
Wir wollen mit euch gehen;
denn wir haben gehört:
Gott ist mit euch.“
(Sach 8,23)

Hoffnung macht, daß etwas zu hören ist: Eine Kunde verbreitet sich über Juda hinaus zu den Heiden. Wir erinnern uns – es ist schon die messianische Einlösung der Verheißung des Sacharja – an die Einleitung zum öffentlichen Wirken Jesu bei Lk 4,14: „Die Kunde davon verbreitete sich im ganzen Land.“

Diese Kunde, dieses Gerücht, das sich wie ein Lauffeuer verbreitet, bringt „Heiden“ auf die Beine. Sie machen sich auf, um einen Israeliten am Gewand zu fassen, festzuhalten und zu sagen: Wir wollen mit euch gehen. Das dezimierte Israel wird also wieder aufgefüllt. Und dies nicht, weil Israel hinter den Heiden her ist; nicht weil es über eine so gute Fernstehendenpastoral verfügt. Der Grund ist einfach: Wir haben gehört, Gott ist mit euch.

Mystik

Pastoraltheologisch sind diese einfachen Sätze folgenschwer. Der Text unterstellt nämlich, daß die Heiden nicht hinter Juda, sondern hinter Gott her sind, den sie als mit Juda unterwegs wahrnehmen. Mit Juda haben sie nur insofern zu tun, als Juda jenes Volk ist, in dem sie Gott gegenwärtig vermuten. Kirche hat somit mit der Gottsuche der Menschen solidarisch zu sein. Nur eine Kirche, von der zu hören ist, „Gott ist mit euch“, nur sie allein wird Gottsuchende auf die Beine bringen. Alle anderen Bemühungen, Angebote, Strategien der Fernstehendenpastoral verlaufen ins Leere, wenn dieses mystische Fundament fehlt.

Die Grundlage dafür, daß die Heiden Juda am Gewand fassen und mit ihm ziehen wollen, sobald sie hören, Gott ist mit ihm, kann wiederum nur sein, weil sie insgeheim hinter Gott her sind. Die Theologie nennt dies den *„Gottbedarf“*, die „Jungfräulichkeit“ eines jeden Menschen. Jeder Mensch ist nicht nur „ex nihilo“ (aus dem Nichts), sondern zugleich „ex amore“ (aus Liebe) geschaffen. Wir sind Ausdruck der Liebe eines dreifaltig-beziehungsreichen Gottes, der sich an uns verschenken will (Weish 11, 24-26). Der Grund, warum es die Schöpfung und darin uns Menschen gibt, ist die Sehnsucht Gottes nach der Schöpfung und nach uns. Die Sehnsucht des Menschen nach Gott spiegelt diese Sehnsucht Gottes nach uns wider.

Dies ist auch der Grund, warum Gott nicht ruht, bis er am Herzen der Schöpfung ruht, und warum der Mensch in seiner Mitte nicht eher zur Ruhe kommt als am Herzen Gottes selbst. Diese Wahrheit vom Menschen heute in Erinnerung zu halten, ist und bleibt Urberufung der Kirche. In Zeiten einer zugleich gottvergessenen und doch in einer neuen Weise gottsuchenden Kultur ist diese Aufgabe vordringlich. Kirche darf sich verstehen als Aufstand gegen die Gottvergessenheit heutiger Menschen. Sie ist zugleich berufen zur Solidarität mit der Suche der Menschen nach Gott selbst.

Im Stil eines Kirchenspiegels seien eine Reihe theologisch begründeter Fragen gestellt:

Lebt unsere Kirche aus der Sehnsucht Gottes nach uns? Wie steht es um die Zärtlichkeit unserer Kirche im Umgang mit Gott: um Anbetung, Lobpreis, Klage und Notschrei, um Liturgie und Meditation, um Einkehr und Stille?

Was geschieht mit der von uns Christen geglaubten Gottessehnsucht aller Menschen in unserer gottvergessenen Kultur?

Stimmt es,

– daß viele (und insgeheim allzu oft auch wir Christen) ihre maßlose Gottessehnsucht festmachen an maßvollen Gütern: an Menschen, an der Macht, am Besitz?

– daß es deshalb eine tragische *Lebenshast* gibt, die dem Versuch entspringt, die maßlose Sehnsucht zu beruhigen durch das Aneinanderreihen vieler mäßiger Erfahrungen?

– daß immer mehr, nach rastloser Jagd nach dem stets mäßigen Glück, anfangen, ihre maßlose Sehnsucht zu *mäßigen* und resignieren, sich einrichten im kleinen Unglück?

– daß schließlich die Zahl jener wächst, die entdekken, daß das Leiden an der stets größeren Sehnsucht Gottes „charmante" (= gnadenhafte) Art ist, sich bei den Opfern einer gottvergessenen Kultur nachhaltig in Erinnerung zu halten?

– daß wir also einer Zeit entgegengehen, in der die Suche nach dem wahren Geheimnis des Lebens wieder zunehmen wird? Anzeichen dafür, daß wir auf neue, auf religiöse Zeiten zugehen, gibt es genug. Ist nicht zu erwarten, daß nach so langem Gottes-Fasten unserer Kultur der Hunger nach Gott wiederkehrt?

Sind wir als Kirche für eine solche Zeit gerüstet? Sind wir als Kirche *solidarisch mit der Suche von immer mehr Mitmenschen nach Gott?* Sind wir zugunsten der Menschen aufständisch gegen die Gottvergessenheit unserer Kultur? Sind wir also als Kirche ein Ort, wo Menschen Gott suchen, noch mehr, wo sie lernen, daß Gott mit uns ist, längst bevor wir ihn suchen? Daß er immer schon das wahre Geheimnis unseres Lebens ist?

Wie aber können wir den Menschen heute *glaubhaft* machen, daß wir mit ihnen nichts anderes im Sinn haben, als sie – *gewaltfrei!* – auf der Suche nach Gott zu begleiten und mit ihnen die Frage stellen zu lernen, was Gott ihnen ganz unvertretbar in ihrem Leben zumutet?

Wie können wir vor allem die Menschen erfahren lassen, daß unter den Augen Gottes menschenwürdiges Leben eine gute Chance hat? Daß, wer sich in diesen Umkreis Gottes, in seinen Herrschaftsbereich begibt, der Kultur des Todes entrinnt und Zugang zu einer Zivilisation der Liebe gewinnt? Und als Voraussetzung dafür: Wie können die Menschen unserer Kirche morgen wieder besser abnehmen, daß wir in der Kirche Gott ernst nehmen?

Vom Segen der Mystik

Eine solche mystische Kirche, die mit den Menschen nach dem wahren Geheimnis ihres Lebens sucht, wäre ein Segen für unser Land. Steigt nicht die Zahl der Bürger, die unzufrieden sind mit jenen Auffassungen des Menschen, die uns im gesellschaftlichen Alltag zugemutet werden? Wie anders, größer, weniger erpreßbar ist doch der Mensch, wenn er als gottbedürftig aufgefaßt wird, als wenn er verkürzt wird

- auf ein Bündel steuer- und befriedigbarer Bedürfnisse in Produktion und Konsumption,
- auf einen verwaltbaren gläsernen Fall in der informatisierten Verwaltung,
- auf eine reparaturbedürftige Maschine in den herkömmlichen Krankenfabriken,
- auf Biomasse in manchen Strömungen der Gentechnologie,
- auf „Menschenmaterial“ oder im schlimmsten Fall eines atomaren Verbrechens als „Megatote“ in der Sprache des Militärs.

Nicht das Wort allein

Die Hauptfrage, die wir nunmehr weiterzuverfolgen haben, heißt: Wie lebt und handelt heute die Kirche, damit sie für die Bürger in diesem Land das Gerücht von Gott wachhält, also Aufstand ist gegen die Gottvergessenheit der Menschen? Wie kann sie dies vor allem *glaubwürdig* tun?

Manche setzen dazu auf eine *Vermehrung der Gottesrede:* Es soll über Gott geredet werden, vollständig, katechismusartig, durch gut trainiertes und absolut kirchenverläßliches katechetisches Personal. Die deutsche Kirche hat daher auch viele Katechismen gedruckt und verbreitet, hat eine mediale Offensive gestartet, damit mehr von Gott geredet wird. Die „Bekenntnisscheu“ (Renate Köcher) der Katholiken müsse überwunden werden: Dann werde sich alles zum Besseren wenden.

Aber geht es wirklich um eine Vermehrung der Gottesrede, womöglich durch *bezahlte Propheten?* Was zählt deren Zeugnis? In wievielen Schulstunden wird denn nicht von Gott geredet? Wieviele Medien „strahlen“ Gott aus? Die Leute aber bleiben skeptisch. Zwei Drittel trauen dieser *Gottesoffensive* wenig. Die Priester würden anders reden, wären sie nicht von der Kirche bezahlt, sagten Bürger schon 1970.[59]) Eine 17jährige sprach unlängst vom *„Gottesgeschwätz“.*[60]) Die Kirche ist leider heute in der prekären Lage, daß das Wort allein nicht überzeugt. Wir haben von Jesus zu lernen: „Glaubt mir doch, daß ich im Vater bin und der Vater in mir ist; wenn nicht, glaubt wenigstens aufgrund der Werke!“ (Joh 14,11)

Am 23.Juni 1988 forderte Papst Johannes Paul II. die Kirche in Österreich auf, „sofort mit der *Wegbereitung Gottes* neu zu beginnen“. Dazu sollten nicht Worte gemacht werden, sondern: „Räumt die *Hindernisse* aus, die dem Glauben an Gott in unseren Tagen entgegenstehen! Schafft Bedingungen, die den Glauben erleichtern! Sucht vom Ver-

[59]) P. M.Zulehner, Kirche und Priester, Wien 1974.
[60]) BDKJ-Dokumentation zur Diözesansynode, Wernau 1985, 5.

trauen auf Gott her auch ein neues Vertrauen zueinander. Wo gegenseitiges Mißtrauen das Leben bestimmt, wird nicht nur der Zugang der Menschen zueinander erschwert. Zusehends geschieht Tieferes: Es verschwindet das Vertrauen zum Menschen überhaupt, zu seiner Fähigkeit und Bereitschaft für das Gute. Die Transparenz der Welt auf die Wahrheit, auf den Grund allen Vertrauens hin, erlischt langsam. Eine vom Mißtrauen verdunkelte Welt versperrt die Wege zu Gott, lähmt den Schwung des Glaubens. Gebt mit Mut zu Wahrheit und Vertrauen einander den Weg zu Gott frei, der will, daß alle Menschen gerettet werden und zur Erkenntnis der Wahrheit gelangen (1 Tim 2,14). Das alles ist nicht nur eine religiöse, sondern auch eine eminent gesellschaftliche Aufgabe der Christen."[61]) Das Gerücht von Gott wird somit heute weniger durch Worte, sondern viel eher durch Taten wachgehalten: durch eine gottgemäße Form, miteinander und füreinander zu leben. Die Tradition nennt diese Formen Koinonia und Diakonia.

Koinonia

Koinonia wächst in jener Kirche, in der Gott prägende Lebensmitte ist. Sobald nämlich Menschen im Glauben (mystisch) in Gott einwurzeln, werden sie ermächtigt, Kinder, Töchter und Söhne Gottes (Joh 1,12) zu werden. Dies macht sie untereinander zu gottverwandten (was mehr ist als blutsverwandten!) Schwestern und Brüdern. „Brüderlichkeit"[62]) oder, wie wir heute angesichts des gewachse-

---

[61]) L'Osservatore Romano, Wochenausgabe in deutscher Sprache Nr.27 vom 27.Juni 1988, 7.
[62]) J. Ratzinger, Die christliche Brüderlichkeit, München 1960.

nen Selbstbewußtseins von Frauen in Gesellschaft und Kirche gerechter sagen, „Geschwisterlichkeit" ist eine Frucht wahrer Mystik. Sie wächst im Umkreis, im Lebensbereich, im Herrschaftsbereich Gottes: also dort, wo Gott selbst ernst genommen wird und den „Ton" angibt.

Praxis der Geschwisterlichkeit

Theoretisch wird die Geschwisterlichkeit von vielen durchaus anerkannt. Die Entscheidung fällt aber wiederum nicht auf der Ebene der Worte, sondern der Taten. Zur Praxis der Geschwisterlichkeit im Lebenskreis Gottes gehören Merkmale wie: gleiche Würde, gemeinsame Berufung, Partizipation, Verbindlichkeit, ein angemessener Stil amtlicher Autoritätsausübung. So kann, im Sinn unseres Kirchenspiegels, weiter gefragt werden:

Wie steht es um die Anerkennung der wahren *Gleichheit an Würde* aller Getauften? Welche Rolle spielt das Taufbewußtsein in unserer Kirche? Was geschieht, um dieses Taufbewußtsein zu fördern (Tauferneuerung)? Gibt es nicht vielfältige insgeheime Abwertungen und Diskriminierungen? Wird die Gleichheit der Würde der Frauen in unserer Kirche in den praktischen Konsequenzen beachtet?

▶

Leben wir als Christen aus der gläubigen Überzeugung, daß es in unserer Kirche *keine Unberufenen* gibt? Also keine Objekte der Seelsorge, sondern nur Subjekte, die Gott beansprucht, damit seine Kirche in unserem Land leben und handeln kann? Nehmen wir es unserem Gott ab, daß er auch morgen genug Frauen und Männer, junge und alte berufen wird, damit die Kirche bei uns lebendig und handlungsfähig bleibt? Was tun wir dann aber, damit diese Berufenen erkennen, daß Gott sie beansprucht? Was tun wir, um die „geistliche Kirchenberufung" jener zu fördern, die Gott uns „hinzufügt" (vgl.Apg 2,47)?[63])

▶

Die praktische Seite der Würde heißt *Partizipation.* Partizipation wiederum ist heute eine wichtige Grundlage für Identifikation mit einer Gemeinschaft. Wie können alle am Leben und Wirken unserer Kirche teilhaben? Schätzen wir die Begabungen, die Gott unserer Kirche hinzufügt? Wie gehen wir mit den ungehobenen Begabungen der vielen Leute um? Was tun wir, um diese zu heben? Gilt die Regel: Keine Entscheidung ohne die Beteiligung der von dieser Entscheidung Betroffenen? Wie wird mit den beratenden Gremien umgegangen? Was zählt Rat? Wie können möglichst viele an der Suche nach Kandidaten für kirchliche Dienstämter beteiligt werden? Wie stehen wir zu einem Diözesankonklave zur Suche nach Kandidaten für das Amt von Bischöfen und Weihbischöfen?

▶

Kirche ist nicht ein Verein, dem man in einem klar umgrenzten funktionalen Verhältnis beitritt, angehört oder auch wieder austritt. Kirche ist vielmehr

---

[63]) Erfahrungen dazu finden sich in: P. M.Zulehner, J. Fischer, M. Huber, Sie werden mein Volk sein. Grundkurs gemeindlichen Glaubens, Düsseldorf ³1987.

communio, also eine *verbindliche* Gemeinschaft. Besuchen nicht zu viele Mitglieder die Kirche? Sind wir bereit, Zeit, Phantasie, Begabungen, Geld, Kritik der kirchlichen Gemeinschaft zu schenken? Wissen wir uns gemeinsam verantwortlich für das Leben und Wirken der Kirche? Beispielsweise dafür, daß würdig Gottesdienst gefeiert werden kann?

▶

Wie sehen wir das Verhältnis zwischen der bürgerlichen Familie und der Familie Gottes? Welche Spannungen erleben wir? Gibt es nicht eine unbiblische *Überbewertung der Familie*[64]) als Zelle der Kirche: und dies, weil uns die Forschung sagt, daß gläubige Familien künftige Kirchenmitglieder hervorzubringen vermögen? Wie fühlen sich die vielen, die nicht in einer Familie leben, wenn die Familie derart überbewertet wird? Wie können sich in einem solchen familialistischen Klima junge Menschen entscheiden, nicht eine bürgerliche Familie, sondern die Familie Gottes zu wählen? Wie kann man aber wiederum menschlich verantwortlich diese Familie Gottes wählen, wenn sie kein verbindlicher Lebensort ist?

▶

Wie tragen wir *Konflikte* aus? Schätzen wir den Reichtum der Vielfalt? Wie grenzen wir diesen Reichtum von schädlicher Konturlosigkeit ab? Welche Wege sehen wir, um inmitten des Reichtums der

---

[64]) Zu diesem Familialismus: P. M.Zulehner, Ungehaltene Hirtenreden. Menschlichkeit darf maßlos sein, Freiburg 1988.

Vielfalt einmütig sein zu können? Wie lösen wir Konflikte in unseren kirchlichen Gemeinschaften? Verwechseln wir Einmütigkeit mit Uniformität? Wie gehen wir mit Nonkonformisten um?

►

Je mehr Menschen in unserer Kirche ihre Begabungen annehmen, desto mehr Dynamik entsteht, umso größer wird auch der *Amtsbedarf.* Die Regel heißt daher: Je mehr Volk, desto mehr Amt inmitten dieses Volkes. Wie kann aber Amt so ausgeübt werden, daß das Volk ermutigt wird, seine Berufung zu erkennen und auszuüben? Wie kann Autorität des Amtes ausgeübt werden, ohne die Geschwisterlichkeit zu beschädigen? Welche biblischen Weisungen sind für den Amtsstil verbindlich: der Dienst des Galeerensklaven, damit das Schiff der Kirche auf dem Meer der Welt in Fahrt bleibt (Phil 2,5-11), die Fußwaschung (Joh 13), der Dienst des „Obers" (im Wirtshaus: Lk 22,24-27), das Bild des Hirten, der auf seine Herde schaut, damit sie auf guten Weiden ist und durch seinen Stab vor Feinden geschützt wird (Ez 34 und Joh 10)?

Vom Segen der Koinonia

Eine solche geschwisterliche Kirche wäre wiederum ein Segen für unser Land, in dem das *Humansystem überlastet* und am Zerreißen ist. Symptome dafür gibt es genug: von außen her besehen ist es die Unfähigkeit vieler Bürger, befriedigende kleine Lebenswelten aufzubauen und auf

Dauer bewohnbar zu erhalten. Dahinter steht aber nachweislich[65]) ein verbreiteter *pessimistischer Individualismus*, der sich in Sätzen äußert wie: „Auf andere kannst du dich nicht verlassen"; „jeder muß seine Probleme selbst lösen"; „niemand hat Zeit für andere".

Der überwiegende Teil der Bürger ist mit diesem Individualismus ausgestattet. Wir erleben einen tragischen Mangel an Beziehungsfähigkeit, an Treue und Verläßlichkeit: ein Mangel, der sich heute in hoffnungsvoller Weise in eine wachsende Sehnsucht nach Verbindlichkeit und Verläßlichkeit ummünzt. Wie gut wäre es, gäbe es auf dem Boden der Kirche Lernorte für diese neue Verbindlichkeit! So würde die Kirche ein Hoffnungsort sein, auf dem Treue und Verbindlichkeit gelernt werden könnten!

Diakonia

Wenn Menschen mystisch in Gott einwurzeln, werden sie auch einfühlsam in die Leidenschaft Gottes zugunsten jener Menschen, die – aus Schuld und Tragik – Opfer einer *ungerechten Verteilung der Lebenschancen* werden. Der Begriff Lebenschancen umfaßt nicht nur den Zugang zu den erforderlichen materiellen Gütern (Nahrung, Wohnen), sondern auch zu Bildung, Arbeit, die Chance, eine Familie zu gründen und Kinder großzuziehen, die Möglichkeit, den Glauben öffentlich zu bekennen.

Sich einsetzen für eine gerechtere Verteilung der Lebenschancen definiere ich hier als *„Politik"*, die deckungsgleich ist mit dem überkommenen Begriff der Diakonia, die wiederum Beratung, Caritas und „Politik" im engeren Sinn

---

[65]) Dazu: P. M.Zulehner, Religion im Leben der Österreicher, Wien 1981.

umfaßt. In Beratung und Caritas sorgen wir uns um jene, die unter die „Lebensräuber“ gefallen sind; durch Politik suchen wir zu verhindern, daß künftig Menschen unter die Räuber fallen. Dies geschieht durch die Beseitung ungerechter Strukturen.

Im Umkreis Gottes wächst die Aufmerksamkeit und die Bereitschaft, für die Armgemachten zu optieren und an deren Leiden teilzuhaben. Gottes hochpolitische Leidenschaft zugunsten der Armgemachten springt nämlich auf jene über, die in einer tiefen mystischen Weise in Gott verwurzelt sind. Deshalb gilt die Faustregel: „Je mystischer, desto politischer“.[66])

In welcher Art Gott „hochpolitisch“ ist, zeigt ein Schlüsseltext der heutigen Weltkirche:

> „Der Herr sprach:
> Ich habe das Elend meines Volkes
> in Ägypten gesehen
> und die laute Klage über
> ihre Antreiber
> habe ich gehört.
> Ich kenne ihr Leid.
>
> Ich bin herabgestiegen,
> um sie der Hand der Ägypter
> zu entreißen
> und sie aus jenem Land hinaufzuführen
> in ein schönes weites Land,
> in dem Milch und Honig fließen . . .
>
> Jetzt ist die laute Klage
> der Israeliten
> zu mir gedrungen,
> und ich habe auch gesehen,
> wie die Ägypter sie
> unterdrücken.
>
> Und jetzt geh!

---

[66]) Beschlüsse der Diözesansynode Rottenburg-Stuttgart 1985/85, Weitergabe des Glaubens an die kommende Generation, Ostfildern 1986, 100.

Ich sende dich zum Pharao.
Führe mein Volk, die Israeliten,
aus Ägypten heraus."

(Ex 3,7-10)

Dies können wir von unserem Gott aus diesem Text lernen:

Gott ist aufmerksam, er ist Aug und Ohr
für die Leiden der Menschen.

Das Leiden entspringt der Unterdrückung und Ausbeutung[67]): durch den Machtvorsprung Reicher kommen die Lebenschancen Armer unter die Räder.

Gott hält sich nicht heraus: er steigt herab, führt heraus, bezieht Position, stellt sich auf die Seite der Unterdrückten und Armgemachten. Er optiert für die Armen. Gott ist also parteilich und nicht ausgewogen. Er hat eine Vorliebe für die Armgemachten. Er ist nicht neutral.

Am Beispiel Jesu, der Gottes Option handgreiflich gelebt hat (vgl. Lk 4,16-21), zeigt sich, daß diese Option für die Schwachen und Ausgestoßenen Verfolgung, Leid und Kreuz einbringt.

Wieder kann im Sinn eines Kirchenspiegels gefragt werden:

Beratung: Welche Wertschätzung genießt beratende Seelsorge in unserer Kirche? Wie wird die dafür benötigte Kompetenz bei möglichst vielen Frauen und Männern, ehren- und hauptamtlichen gefördert?

[67]) Vgl.dazu auch die alte Lehre von den himmelschreienden Sünden, die Petrus Canisius noch an prominenter Stelle im Katechismus hatte („Clamitat ad coelum vox sanguinis et Sodomorum; vox oppressorum, merces detenta laborum": P. Canisius, Catechismus, Coloniae 1560, 195.), die aber inzwischen zu einem kaum verbreiteten Sondergut in der Katholischen Soziallehre geworden ist. Erst im Kontext der Praxis der Befreiung in den Südkirchen wurden diese Texte wieder entdeckt: Gen 4,10; Ex 3,7-10; Ex 22,20-22; Jak 5,1-6.

Wie stehen wir zur Aufgabe der Kirche, den Menschen ganzheitlich zu heilen? Wissen wir, welche Beratungsstellen es für welche Krisen gibt? Können wir Menschen, die Beratung brauchen, dorthin vermitteln?

▶

Caritas: Welches ist das Verhältnis von Caritas und Pfarrgemeinden? Haben wir die Caritas so gut organisiert, daß der einzelne Christ und die Pfarrgemeinden sich davon entschuldigt fühlen können, vorausgesetzt, sie geben einmal im Jahr bei der Caritassammlung Geld? Welche Randgruppen gibt es in unserer Kirche und in der einen Welt, für die wir uns verantwortlich fühlen?

▶

Politik: Welche Initiativen ergreifen wir im Rahmen der weltweiten Bewegungen der Religionen für die Bewahrung der Schöpfung, für Gerechtigkeit und Frieden?
Wie steht es um die Rezeption der Soziallehre der Kirche, der neuen Enzyklika des Papstes „Sollicitudo rei socialis" (1987)?
Wie beurteilen wir die wachsende Armut von 80% der Weltbevölkerung?
Wie stehen wir zur Benachteiligung von Frauen, zur Diskriminierung von Menschen auf Grund ihrer Rasse (etwa in Südafrika), zur Verweigerung des Lebensrechts für Ungeborene?
Wie stehen wir dazu, daß wir die Lebenschancen der kommenden Generationen heute verbrauchen, wie stehen wir zur Bedrohung der Schöpfung?

Was tun wir gegen die Benachteiligung der Glaubenden in totalitären Staaten des Westens und Ostens?

Beten und demonstrieren wir gegen die Bedrohung des Friedens, wie er aus der weltweiten Ungerechtigkeit erwächst und durch die Rüstung nicht behoben, sondern verschärft wird?

Welches sind bei uns weitere Opfer einer ungerechten Verteilung der Lebenschancen?

Sind wir als Kirche bereit, eine *neue politische Kultur* zu lernen? Dies kann nicht bedeuten, uns feige aus den Konflikten der Menschheit herauszuhalten und dies noch dazu als Frömmigkeit auszugeben. Vielmehr müssen wir erkunden, wie sich die Kirche wieder in jene gesellschaftlichen Entwicklungen einmischen kann, die unsere modernen Gesellschaften bedrängen.

Vom Segen der Diakonia

Eine solche Kirche der diakonalen „Politik“ wäre ein Segen für unsere Gesellschaften, in denen es immer noch, ja wieder zunehmend viele Opfer einer ungerechten Verteilung der Lebenschancen gibt, was viele Menschen lebensmäßig entmutigt. Kirche könnte für sie *Asylstätte* sein, Hoffnungsort, an dem sie das Haupt erheben (Lk 21,28), an dem sie aufatmen (Apg 3,20) können: Kirche wäre ein *Ort unter den Augen Gottes, an dem man sich sehen lassen kann vor jeder Leistung und trotz aller Schuld.* Dies setzt allerdings voraus, daß die Kirche – etwa als Arbeitgeberin – nicht selbst Menschen entmutigt, daß sie vielmehr den Menschen höher zählt als das tote Geld, menschengerecht, statt geldgerecht wirtschaftet.

Eine solche Kirche macht sich dann stark für die vielen, die mutlos werden ob der ungerechten Verteilung der Lebenschancen in der einswerdenden Welt, in der jede/r eine/r von uns ist, weil es unter den Augen des einen Gottes nur eine einzige Welt gibt. Uns interessieren daher die Opfer *in Nah und Fern,* weil wir alle in einem Boot sitzen. Wenn wir entdecken, daß Gott eine vorrangige Option für die Armgemachten getroffen hat und die Kirche nicht anders kann, als mit Gott auf die Seite der Armgemachten zu treten, dann wird eine der Hauptfragen lauten, *ob denn Gott auch uns, die Reichen, liebt.* Die Antwort kann nur sein, daß er uns – wie Zachäus (Lk 19,1-10) – bedingungslos liebt, mit der Folge, daß er uns „aufliebt" aus der Enge unseres Herzens, damit wir ihm folgen zu den Armgemachten. Folgen wir ihm nicht, dann droht uns, nicht nur den einzelnen, sondern unseren reichen Völkern das Scheitern im letzten Gericht, weil wir dann nicht bereit waren Christus in den Armgemachten zu begegnen (Mt 25,31-46). Geben denn unsere Völker den Hungernden zu essen und den Durstigen zu trinken? Nimmt unser Volk Fremde auf? Kleidet unser Volk die Nackten, besucht es die Kranken? Geht unser Volk zu den Gefangenen?[68])

Auf dem Boden der Kirche wäre dann viel von dem zu lernen, was die Welt an Überlebenskunst heute braucht: Solidarität, die eine unverzichtbare Tugend zur Bewältigung der Überlebenskrise der Welt ist.[69])

---

[68]) R. McAfee Brown, Die Bibel neu gelesen. Anstöße aus der Dritten Welt, Düsseldorf 1988, 120-134.

[69]) Johannes Paul II., Sollicitudo rei socialis, Rom 1987, 38-40. – J. Schasching, In Sorge um Entwicklung und Frieden. Kommentar zur Enzyklika „Sollicitudo rei socialis" von Johannes Paul II, Wien 1988.

Wandlung

Dies also wäre eine bewegende Vision für die Kirche: der Traum einer mystischen und daher geschwisterlichen und politischen Kirche. Es lohnt sich, viel dafür einzusetzen. Zur theologischen Logik einer solchen „Ekklesiogenese“, einer solchen Kirchen-Geburt, zählt, daß Gott uns in eine solche Kirche umwandeln muß. Ohne ihn können wir nichts tun (Joh 15). Der wichtigste Ort der Umwandlung der Kirche in Richtung der Vision ist die Liturgie, vorweg die Feier des Herrenmahls, des eucharistischen Opfers.

Dort verleiben wir uns den Leib Christi ein, um als Kirche in mystischer Weise Leib Christi zu werden. Dies macht uns untereinander eins (vgl. II. Hochgebet): Communio, Koinonia, Geschwisterlichkeit wachsen. Und weil wir uns jenen Leib einverleiben, der für alle hingegeben wurde, können wir als kirchlicher „Leib Christi“ gar nicht anders, als uns in der Art Jesu hinzugeben für die Schwestern und Brüder: Wir werden zur Diakonie ermächtigt.

Ist es aber nicht so, daß wir in der Eucharistiefeier Gaben zum Altar bringen, von denen wir annehmen, daß sie uns darstellen, und dann sagen: Gott verwandle die Gaben, aber uns laß in Ruh'? Liegt es nicht an der Verweigerung unserer Kirche, uns umwandeln zu lassen zu seinem Volk, das geschwisterlich und politisch zugleich ist?

Inkonsequent

Frag hundert Katholiken was das wichtigste ist
in der Kirche.
Sie werden antworten:
Die Messe.

Frag hundert Katholiken was das wichtigste ist
in der Messe.
Sie werden antworten:
Die Wandlung.

Sag hundert Katholiken daß das wichtigste in
der Kirche die Wandlung ist.
Sie werden empört sein:
Nein, alles soll bleiben
wie es ist!

Lothar Zenetti[70])

---

[70]) L. Zenetti, Texte der Zuversicht. Für den einzelnen und die Gemeinde, München [5]1981, 207.

XII

Gott wird jeden und jede fragen . . .

Am Ende unserer Lebenstage,
wenn wir Bilanz machen werden über unser Leben
vor Gott,
da wird er uns fragen:

Was hast du mit deiner Kirchenberufung gemacht?
Was hast du getan,
damit die Kirche an Ort und Stelle,
der ich dich hinzugefügt habe,
leben und wirken konnte?

Und ich werde anfangen
zurückzufragen:
Hast du denn schon vergessen,
unter welchen Umständen
der Erzbischof in Köln ernannt worden ist?
Hast du schon vergessen,
wie in Wien
mit deiner Hochschulgemeinde
umgegangen worden ist?
Hast du schon vergessen,
welcher Dreiervorschlag
dem Salzburger Domkapitel
zugemutet worden ist?

Aber Gott wird nachsetzen
und sagen:
Diese werde ich alle auch noch fragen,

den Papst,
den Weihischof,
die Nuntien,
die Mitglieder der Bischofskongregation,
den emeritierten Bibliothekar
und viele andere dazu.
Aber jetzt bist du dran.

Quid sum miser tunc dicturus ...
Quid sum misera tunc dictura ...
Was werde ich Arme/r dann sagen?

Bücher des Autors zum Thema dieses Buches:

P. M. Zulehner, Umkehr: Prinzip und Verwirklichung. Am Beispiel Beichte, Frankfurt 1979.

J. Brander, P. M. Zulehner, Lebe! Das Anliegen Gottes als Schwerpunkt der Pastoral seiner Kirche, Freising [3]1985.

P. M. Zulehner, Das Gottesgerücht. Bausteine für eine Kirche der Zukunft, Düsseldorf [5]1988.

P. M. Zulehner, Denn Du kommst unserem Tun mit Deiner Gnade zuvor. Zur Theologie der Seelsorge heute. Paul M. Zulehner im Gespräch mit Karl Rahner, Düsseldorf [3]1987.

P. M. Zulehner, J. Fischer, M. Huber, Sie werden mein Volk sein. Grundkurs gemeindlichen Glaubens, Düsseldorf [4]1988.

P. M. Zulehner, Leibhaftig glauben. Lebenskultur nach dem Evangelium, Freiburg [3]1983.

P. M. Zulehner, Scheidung, was dann . . .? Fragment einer katholischen Geschiedenenpastoral, Düsseldorf [2]1983.

P. M. Zulehner u. a., Fundamentalpastoral. Kirche zwischen Auftrag und Erwartung, Düsseldorf 1989.

P. M. Zulehner u. a., Gemeindepastoral. Kirche ereignet sich in Gemeinden, erschöpft sich aber nicht in ihnen, Düsseldorf 1989 (in Vorbereitung)

P. M. Zulehner, Ungehaltene Hirtenreden. Menschlichkeit darf maßlos sein, Freiburg [3]1988.

Bücher des Autors im Verlag Herder Wien:

RELIGION IM LEBEN DER ÖSTERREICHER

Dokumentation einer Umfrage

Unter diesem Titel wurde 1980 eine für ganz Österreich repräsentative Untersuchung unternommen, deren Ergebnisse mit einer Untersuchung des Autors in den Diözesen Oberösterreich, Tirol und Kärnten von 1970 verglichen werden.
Aus dem Inhalt:

I. Leben (36 Werte / Was den Österreichern „heilig" ist, Ort der Hoffnungen / Lautloser Wertewandel . . .)
II. Die „Leutereligion" (Der hl. Lebensschild / Welt Gottes / Segen der Religion / Soziale Verbreitung der Religion / Wie kirchlich sind die Österreicher . . .)
III. Kirche und Leben (Kirche als Lernraum für Lebensstilisierung / Religion und Politik / Einseitige Auswirkungen / Der gute Christ)
IV. Anhang: Zur Personalfrage der katholischen Kirche
V. Zusammenfassung wichtiger Ergebnisse
VI. Pastoraltheologische Reflexion
VII. Dokumentation der Daten

219 Seiten, Paperback, Erscheinungsjahr: 1982

HEIRAT – GEBURT – TOD

Eine Pastoral zu den Lebenswenden

Diese Arbeit wendet sich an die „Auswahlchristen", die aufgrund der Spannungen zwischen kirchlichen und gesellschaftlichen Werten teilweise aus der Kirche emigriert sind, bewußt am Rande stehen und nur zu den Lebenswenden (anläßlich Heirat, Geburt und Sterben) mit den Seelsorgern in Kontakt treten.
Aus dem Inhalt:

I. Grundlagen einer Auswahlchristenpastoral
II. Pastoral zu den Lebenswenden
III. Sakramente um der Menschen willen (Der Mensch auf der Suche nach Sinn / Sinnstiftung durch Sakramente / Ritus und Sakrament)

279 Seiten, Paperback, Erscheinungsjahr: 1976, 5. Auflage 1987